SYLT
FÜR GENIESSER

DIE FEINE DEFTIGKEIT

5 SPITZENRESTAURANTS
UND IHRE BESTEN REZEPTE

RESTAURANT JÖRG MÜLLER
RESTAURANT HINKFUSS
RESTAURANT SANSIBAR
RESTAURANT DIRK LÄSSIG
RESTAURANT GOGÄRTCHEN

Herausgegeben von:
Gertrud Scharbau-Seehusen und Henning Seehusen
Mit Fotos von Stefan Abry und Urs F. Kluyver

Verlag Wolfgang Hölker

Statt eines Vorwortes... *Sylt/Hamburg, im Mai 97*

... wollen wir Ihnen wieder Appetit auf die Rezepte in diesem Buch machen. Nach dem großen Erfolg der ersten Ausgabe haben uns die Sylter Köche angeregt, ein neues »Sylt für Genießer«-Buch zu machen. Wir haben es diesmal deftiger angehen lassen und das brachte den beteiligten Wirten und Köchen erst richtig Spaß.

Denn auch bei vielen Gästen ist inzwischen eine gewisse Übersättigung eingetreten. Nicht nur kleinere Geldbeutel, sondern auch die Lust auf schlichte, kräftige Gerichte veranlassen viele Genießer, die »dreimal gedrehten Hummerschwänzchen« zu meiden. Dabei ist natürlich die deftige Küche keine langweilige, primitive Kocherei, denn gerade der Einsatz einfacher Zutaten erfordert vom Koch oft höhere Sorgfalt und viel mehr Erfahrung. »Wer kann denn heute noch einen ordentlichen Eintopf kochen,« lästert Uli Hinkfuss. Gott sei Dank, kann sowas nicht nur der Spötter vom Wenningstedter Dorfteich, sondern auch seine lieben Kollegen. Erfreuen Sie sich an ihren Rezepten.

Trost für alle Edelzungen: Hummer- und Kaviargerichte gibt es auch wieder.

Viel Genuß wünschen Ihnen die Herausgeber

P. S.: Wir danken allen Mitarbeitern, vor allem den Köchen der Restaurants, für ihre tatkräftige Hilfe. Unser besonderer Dank gilt Jörg Müller für seinen fachlichen Rat.

Inhaltsverzeichnis

RESTAURANT JÖRG MÜLLER *SEITE 6*

RESTAURANT HINKFUSS *SEITE 26*

RESTAURANT SANSIBAR *SEITE 46*

RESTAURANT DIRK LÄSSIG *SEITE 66*

RESTAURANT GOGÄRTCHEN *SEITE 86*

WEINEMPFEHLUNGEN *SEITE 106*

SAUCEN UND FONDS *SEITE 108*

REZEPTVERZEICHNIS *SEITE 110*

ADRESSEN *SEITE 112*

RESTAURANT JÖRG MÜLLER

DEFTIGES IM PESEL, GROSSE KÜCHE IM RESTAURANT UND INTIM SPEISEN IN ABELS BAR – IM SCHÖNSTEN GASTHAUS DER INSEL

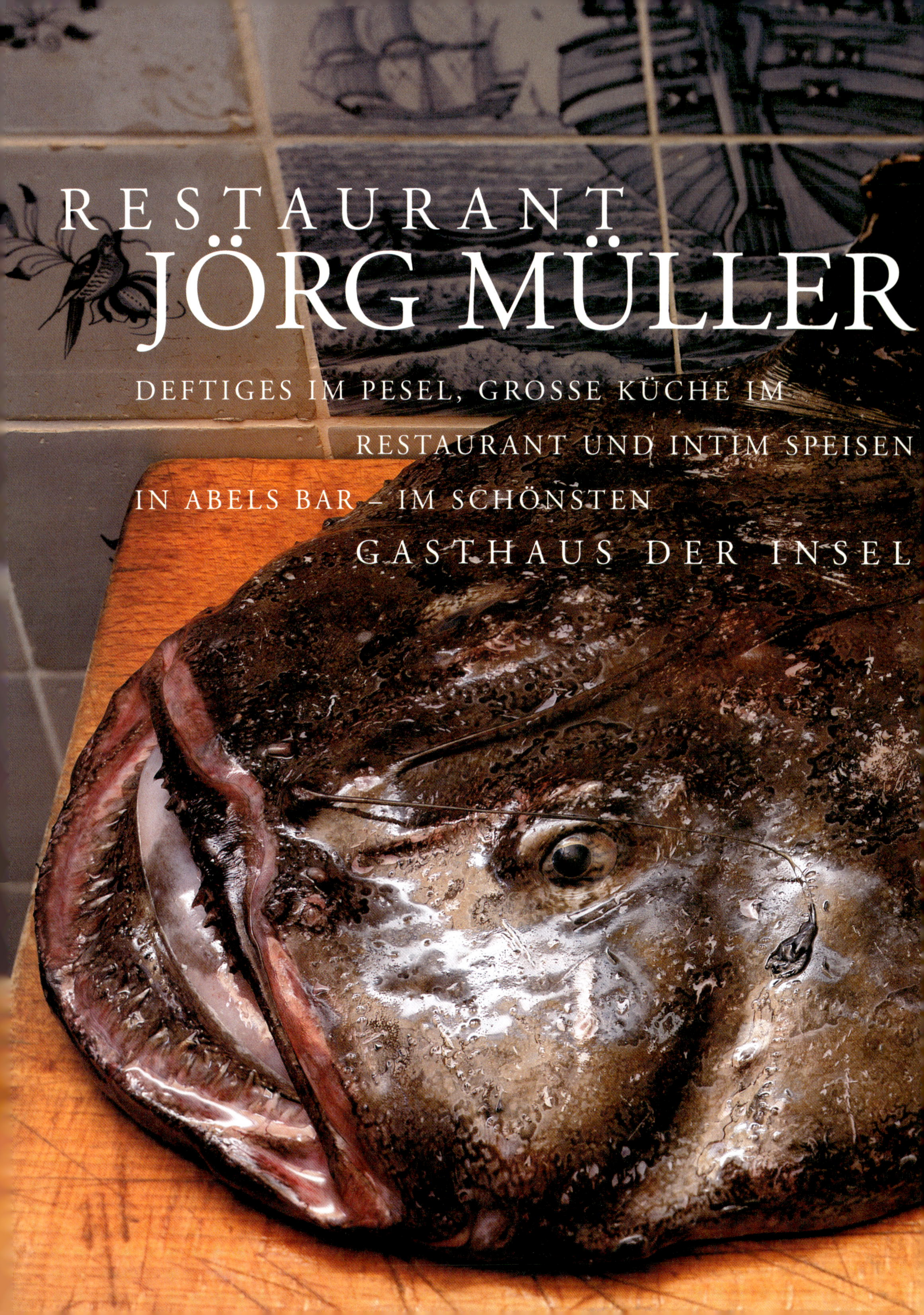

Seeteufelkoteletts mit Kräutern der Provence · Rezept Seite 15

Familie Müller mit ihrem Team

JÖRG MÜLLER
IMMER FRÖHLICH AN DER SPITZE

JÖRG MÜLLERS HAUS IN WESTERLANDS SÜDEN HAT EINE EIGENE ATMOSPHÄRE.

Schon morgens beim Frühstück für die Hausgäste duftet es nach gutem Essen. Riskiert man einen Blick in die Küche, dann köcheln die Fonds in schweren Töpfen vor sich hin, Basis für die großen Saucen des Sterne-Kochs. Ob es nun die stilvolle Großzügigkeit des Restaurants, die Gemütlichkeit des Pesel oder die dezente Beleuchtung in Abels Bar ist, alles zusammen: eine gelungene Komposition. Zentrum und oberste Befehlszentrale ist die Ausgabe in der Küche, hinter der Chef Müller residiert.

Das Publikum bei Müller ist ein anspruchsvolles. Das weiß der gelernte Küchenmeister. Kein Teller geht über seinen Tresen, auf den er nicht einen Blick geworfen, kontrolliert, mit flinken Händen verbessert und verschönt hat. Auch die absonderlichsten Extrawünsche der Gäste werden ohne viel Aufsehens erfüllt. Zwischendurch erscheint die hübsche Gattin Barbara, um über das Eintreffen der Gäste zu berichten, wuselt Jan-Sören auf wunderbare Weise immer unversehrt durch die Beine des Personals. Er bedient nämlich, wenn die Familie und das Personal sich vom Mittagsgeschäft etwas erholen, das Telefon und den Computer für die Tischreservierung. Müller-Gäste sollten auf den Kleinen achten – verdankt doch so mancher seine Buchung Jan-Sören und dem Computer. Tochter Jane hat dagegen kulinarische Interessen. Wollte sie früher noch Nachfolgerin vom Papa werden, backt sie jetzt leidenschaftlich gern Kuchen. Vielleicht sind es überhaupt die Familienbande, die einen so komplizierten Betrieb wie diese Hochleistungsgastronomie am Leben erhalten. Über viele Jahre hinweg die Spitzenstellung unter den Köchen nördlich der Elbe zu halten, ist auch für ein gestandenes Mannsbild wie Jörg Müller keine leichte Aufgabe. Aber ein Sylt-Urlaub, ohne bei ihm einen Abend voller genußreicher Stunden verbracht zu haben, ist für viele Gäste nicht mehr vorstellbar. Ein besseres Kompliment für einen großen Koch ist kaum zu finden.

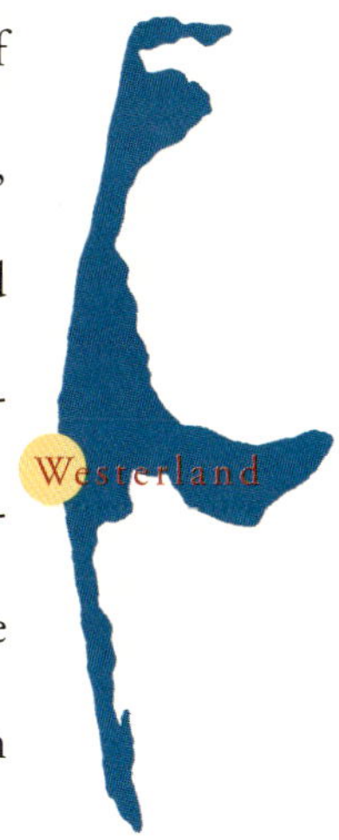

Antipasti

NO. 1

ANTIPASTI

Eingelegte Paprika:
Paprika segmentartig längs in sechs Stücke schneiden. Kerngehäuse und alles helle Fruchtfleisch entfernen. Gründlich waschen und auf ein eingeöltes Backblech legen. Im Backofen bei großer Hitze solange bräunen, bis sich die Haut zu lösen beginnt. Paprika herausnehmen und enthäuten. Mit dünnen Knoblauchscheiben, Basilikumblättern und reichlich Olivenöl marinieren.
Marinierte Zucchini und Auberginen: Zucchini und Aubergine waschen und in ca. 3 mm dicke Scheiben schneiden. Leicht salzen und in einer sehr heißen Bratpfanne möglichst ohne Öl von beiden Seiten anbraten. Über die Zucchini Blattpetersilie und über die Aubergine gezupften Thymian geben.
Eingelegte Artischocken: Holzige, spitze Blätter der Artischocke rund um den Stiel wegschneiden. Unterhalb des Artischockenbodens den Stiel abschneiden. Alles mit Zitronensaft beträufeln. Artischocken vierteln und die Böden mit dem Löffel herausschaben. Kurz abspülen und wieder mit Zitrone beträufeln. In einem Topf reichlich Olivenöl erhitzen, Artischocken dazugeben, mit Salz und Pfeffer würzen. Mit Weißwein ablöschen und mit 1 Knoblauchzehe, 1 Thymianzweig, 1 Rosmarinzweig am Herdrand 15 Minuten abgedeckt schmoren.
Eingelegte Pilze:
Pilze putzen, waschen und auf Küchenkrepp trocknen. In reichlich Olivenöl anschwitzen, aber nur 5 Minuten garen lassen. Nach dem Abkühlen mit Balsamessig abschmecken.
Eingelegte Schalotten: Zwiebeln schälen, putzen und in reichlich Olivenöl anschwitzen. 5 Minuten garen lassen, abkühlen und mit Balsamessig marinieren.
Tomatenvinaigrette: Tomaten auf ein Sieb geben, abtropfen lassen und den Saft auffangen. Früchte längs halbieren, Kerne rausstreichen. Fruchtfleisch würfeln, Tomatensaft zugießen und mit Rotweinessig, Salz, Pfeffer, 1 Prise Zucker, Olivenöl abschmecken.
Zum Anrichten die Vinaigrette über Zucchini und Auberginen gießen, alle übrigen Gemüse mit Salami, Parmaschinken, Oliven, Parmesan servieren.

je 1 grüne, gelbe, rote Paprika
1 mittelgroße Zucchini
1 mittelgroße Aubergine
8 Schalotten
8 rosa Champignons
2 Artischocken
1/2 Zitrone
1 Glas Tomaten
je 1 kleines Bund Thymian, Basilikum, gehackte Blattpetersilie
4 Knoblauchzehen
0,5 L Olivenöl
Rotweinessig
Balsamessig
Salz, Pfeffer, Zucker
Weißwein

M
Restaurant Jörg Müller

NO. 2

HOLSTEINER KARTOFFELSUPPE MIT KRABBEN

Lauch waschen, Kartoffeln schälen und beides in kleine Würfel schneiden. Butter, Speckwürfelchen und die gehackte Zwiebel in einem Topf anschwitzen, ohne daß sie Farbe nehmen. Lauch- und Kartoffelwürfel zugeben, mit Fleischbrühe auffüllen und alles weich kochen. Dann mit dem Mixstab alles fein pürieren, Sahne unterrühren, mit Salz, Muskat und Pfeffer abschmecken.
Zum Anrichten: Krabben und Petersilie auf Teller geben, mit der Suppe auffüllen.

600 g Kartoffeln
100 g gelber Lauch
100 g Speckwürfelchen
50 g Butter
1 feingewürfelte Zwiebel
1 L Fleischbrühe
(s. Seite 108)
0,25 L Sahne
200 g frische gepulte Nordseekrabben
1 Prise Muskat
Salz und Pfeffer
4 EL gehackte Blattpetersilie

M
Restaurant Jörg Müller

NO. 3

AVOCADOSALAT MIT NORDSEEKRABBEN

Avocado in kleine Würfel schneiden, mit Zitronensaft beträufeln. Kirschtomaten waschen und halbieren. Für die Kräutermarinade Schnittlauch, Petersilie und Zwiebeln feinhacken. Mit Balsamessig, Wasser, Sherryessig und Olivenöl verrühren. Mit Salz, Pfeffer und Zucker abschmecken. Zum Anrichten Avocadowürfel auf Teller verteilen, Tomatenhälften darauf schichten, mit Salz und Pfeffer würzen. Krabben auf die Teller verteilen und die Kräutermarinade drübergießen.

M

Restaurant Jörg Müller

2 reife Avocados

2 rote Zwiebeln

1 Bund Schnittlauch

1 Bund Petersilie

3 EL Balsamessig

2 EL Sherryessig

Salz, Pfeffer

1/2 Zitrone

300 g gepulte Nordseekrabben

20 Kirschtomaten

1 EL gehacktes Basilikum

1 EL Wasser

4 EL Olivenöl

NO. 4

ZANDERSCHAUMKLÖSSCHEN MIT CHAMPIGNONS UND DILLSAUCE

Fisch in kleine Würfel schneiden, mit Eiweiß, 10 g Salz und Cayenne mischen. Im Tiefkühlfach leicht anfrieren. Dann im Mixer die Masse mit der flüssigen Sahne (0,25 L) pürieren. Durch ein Sieb streichen und die restliche Sahne unterheben. Mit Pernod abschmecken. Salzwasser zum Sieden bringen, mit dem Löffel eiergroße Klößchen aus der Fischmasse abstechen und 8 Minuten garen lassen. Achtung: Wasser darf nicht kochen! Champignons waschen, in Scheiben schneiden und mit der Schalotte in Butter anschwitzen. Fischvelouté zugießen, gehackten Dill und geschlagene Sahne zugeben. Zum Anrichten Zanderklößchen in der Champignonsauce servieren. Dazu paßt Blattspinat und Reis.

M

Restaurant Jörg Müller

400 g Zanderfilet
ohne Haut und Gräten

2 Eiweiß

0,5 L Sahne

2 cl Pernod

1 kleines Bund Dill

2 cl Noilly Prat oder
4 cl Weißwein

0,3 L Fischvelouté (s. Seite 108)

2 EL geschlagene Sahne

1 EL gehackte Schalotten

Cayennepfeffer

Salz

NO. 5

GRATINIERTES SCHOLLENFILET AUF BLATTSPINAT MIT NORDSEEKRABBEN

Spinat gründlich putzen und mehrmals waschen. In reichlich Salzwasser kurz blanchieren, mit Eiswasser abschrecken und auf einem Sieb abtropfen lassen. Fischfilets zwischen Frischhaltefolie legen und mit einem breiten Messer leicht klopfen, dann würzen. In einem kleinen Topf Butter und Mehl anschwitzen, mit Fischfond und Wein ablöschen und glattrühren. Mit Sahne aufgießen und einige Minuten kochen. Den abgetropften Spinat in Butter erhitzen, würzen und auf große, ofenfeste Teller flach verteilen. Krabben drüberstreuen und darauf die Schollenfilets legen. Sauce durch ein Sieb geben. Eigelbe und geschlagene Sahne verrühren, unter die Sauce heben und über die Schollenfilets gießen. Vor dem Anrichten die Teller im Ofen bei starker Oberhitze überbacken. Dann schnell servieren und Reis dazu reichen.

600 g Schollenfilets
120 g gepulte Nordseekrabben
750 g Blattspinat
50 g Butter
1 El Mehl
Salz, Pfeffer
0,1 L Fischfond (s. S. 108)
0,2 L Sahne
0,1 L geschlagene Sahne
0,1 L Weißwein
2 Eigelbe

M
Restaurant Jörg Müller

NO. 6

PICCATA VON DORSCHBÄCKCHEN AUF PESTONUDELN

Für die Sauce Tomaten schälen, entkernen und in Würfel schneiden. Schalotten und Knoblauch in Olivenöl anschwitzen. Tomatenwürfel und Thymian zugeben. Mit Zucker, Salz, Pfeffer abschmecken und auf ein Drittel einkochen. Für den Fisch Dorschbäckchen salzen, mit Zitronensaft und geschnittenem Basilikum marinieren. *Für die Piccatamasse* alle Zutaten nach und nach in eine Schüssel geben und gut verrühren. Dorschbäcken mehlieren und durch die Piccatamasse ziehen. In Olivenöl und Butter anbraten. Nudeln kochen, abtropfen lassen und mit der Pesto-Sauce mischen. Zum Anrichten Nudeln in die Tellermitte geben. Vom Bratfond der Dorschbäckchen 4 El zur Tomatensauce geben, verrühren und um die Nudeln verteilen. Dorschbäckchen auf die Spaghetti geben.

M
Restaurant Jörg Müller

Für den Fisch:
500 g Dorschbäckchen
1 Zitrone
1 Bund Basilikum
50 g Mehl
Olivenöl und Butter zum Braten
Für die Piccatamasse: 2 EL Mehl
2 Eier
0,1 L Milch
50 g frisch geriebener Parmesan
Salz
Für die Sauce:
1 kg reife Tomaten
2 EL gehackte Schalotten
1 gehackte Knoblauchzehe
1 Thymianzweig
Salz, Pfeffer, Zucker
250 g Spaghetti
3 EL Pesto-Sauce (s. S. 108)

Paella

NO. 7

P A E L L A

Reis in Salzwasser körnig kochen. Schalotten und Knoblauch schälen und feinhacken. Kerngehäuse der Paprika entfernen, waschen und in 3 cm große Stücke schneiden. Tomaten im Sieb grob zerkleinern, dabei den Saft auffangen. Geflügel abspülen, trockentupfen, mit Salz, Pfeffer würzen und in einem großen Bräter mit Olivenöl anbraten. Schalotten, Knoblauch, Paprika, Reis zugeben. Mit Weißwein und Fond ablöschen. Mit Safran, Curry, Salz, Pfeffer, Thymian, Lorbeerblättern würzen. Zum Schluß Tomaten mit Saft zugeben und alles im Bräter im vorgeheizten Ofen 20 Minuten bei 180° C schmoren. Muscheln waschen und mit etwas Weißwein im Topf kurz dünsten, bis sie sich öffnen. Garnelen längshalbieren, würzen und in Olivenöl anbraten. Fischfilets in Würfel schneiden, salzen, leicht mehlieren und in Olivenöl anbraten. Bräter aus dem Ofen holen, Erbsen unter den Reis mischen und mit Muscheln, Garnelen und Fisch garnieren. Sofort im Bräter servieren. Kleine Zitronenscheiben dazureichen.

500 g Perlhuhn oder Poulardengeflügel
500 g entsandete Nordseemuscheln
250 g Garnelen ohne Schale

Restaurant Jörg Müller

350 g Steinbeißer- oder Seeteufelfilet
100 g Schalotten
3 Knoblauchzehen
1 Glas geschälte Tomaten
Olivenöl
je 1 rote, grüne, gelbe Paprika
200 g TK-Zuckererbsen
160 g parboiled Reis
0,125 L Weißwein
0,5 L Hühnerfond (S.108)
2 Lorbeerblätter
1 Thymianzweig
1 TL Currypulver
Safran
Salz, Pfeffer

Jörg Müller, ein Badener an der Nordseeküste, ist ein heimlicher Liebhaber der mediterranen Küche. Freunde, die von ihm privat bekocht wurden, schwärmen von seinen Gerichten aus dem Mittelmeerraum

NO. 8

S E E T E U F E L K O T E L E T T S M I T K R Ä U T E R N D E R P R O V E N C E I N B A L S A M I C O B U T T E R

Für die Balsamicobutter in einer sehr heißen Pfanne Butter bräunen, die zerdrückte Knoblauchzehe, 1 Rosmarin- und Salbeizweig dazugeben. Mit Fischfond und Balsamessig ablöschen. Sauce um die Hälfte einkochen und durch ein Sieb passieren. *Für den Fisch* Seeteufel in 4 Stücke schneiden, mit Salz und Pfeffer würzen, mehlieren und in Olivenöl von allen Seiten anbraten. Halbierte Knoblauchzehen, Schalotten, geschälte Kirschtomaten, je 1 Rosmarin-, Salbei- und Thymianzweig zum Fisch geben. Im vorgeheizten Ofen bei 180° C 6 Minuten garen. Dann den Fisch aus der Pfanne nehmen und warmstellen. *Für die Sauce* den Bratensatz mit Weißwein ablöschen und durch ein Sieb unter die Balsamicobutter rühren. Mit Salz und 1 Prise Zucker abschmecken. Kalte Butterwürfel unterrühren, bis eine sämige Sauce entsteht. Zum Anrichten Seeteufelkoteletts auf Teller geben, Kräuter, Schalotten und Knoblauch darübergeben. Sauce und Kirschtomaten dazugeben.

Für den Fisch:
1 kg Seeteufelrücken (vom Fischhändler enthäuten lassen)
50 g Mehl
Olivenöl zum Braten
2 halbierte Knoblauchzehen

Restaurant Jörg Müller

1 Rosmarinzweig
1 Salbeizweig
1 Thymianzweig
20 Kirschtomaten
8 geputzte Schalotten

Für die Balsamicobutter:
4 EL Balsamessig
0,3 L Fischfond (s. S. 108)
80 g weiche Butter
1 zerdrückte Knoblauchzehe
1 Rosmarinzweig
1 Zweig Salbei
50 g kalte Butterwürfel
Salz
Pfeffer
Zucker

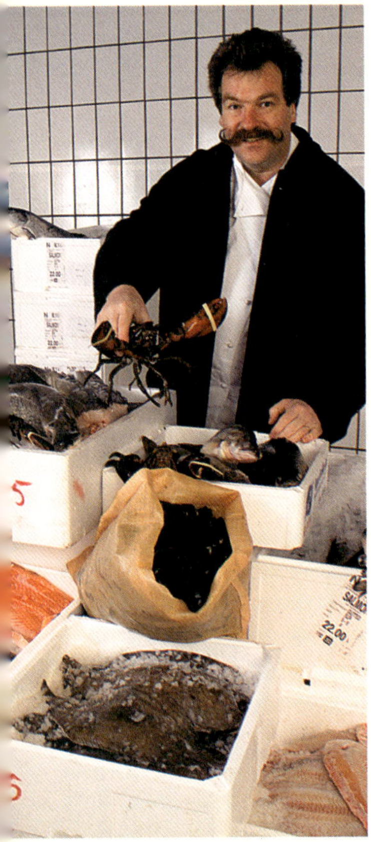

Für frischen Fisch ist Jörg Müller kein Weg zu weit. Mehrmals pro Woche ist er auf der Insel unterwegs, um sich die besten Qualitäten bei den Händlern zu sichern.

NO. 9

GEKOCHTER DORSCH IN SENFSAUCE

Dorschfilet säubern und mit einer kleinen Zange die Gräten ziehen. In 4 gleich große Stücke schneiden. In einer Kasserolle ca. 2 L Wasser mit Lorbeerblatt, Zwiebel, 0,2 L Weißwein, geputztem und in grobe Stücke geschnittenem Gemüse zum Kochen bringen. Mit Salz, Pfeffer abschmecken und durch ein Sieb passieren. In diesem Sud die gesalzenen Fischfilets bei kleiner Hitze ca. 8 Minuten garen. Für die Senfsauce in einem kleinen Topf Butter und Mehl kurz anschwitzen, mit Sahne und 0,2 L vom Fischsud ablöschen. Mit dem Rest Weißwein, Crème fraîche und Senf abschmecken und aufkochen. Dann die geschlagene Sahne unterheben. Zum Anrichten die Filets auf Teller geben, eventuell mit extra blanchierten Gemüsen wie Zucchini, Karotten, Lauch bedecken und die Senfsauce zugießen. Mit Salzkartoffeln garnieren.

M
Restaurant Jörg Müller

800 g Dorschfilet
0,25 L trockener Weißwein
0,2 L Sahne
1 EL Crème fraiche
2 EL mittelscharfer Senf
1 EL grobkörniger Senf (meaux)
2 EL geschlagene Sahne
1 kleine Zwiebel
1 Lorbeerblatt
1/2 Karotte
1/2 Lauchstange
1/2 Sellerie
1 EL gehackte Petersilie
1 EL Mehl
50 g Butter
Salz
Pfeffer

NO. 10

GEBRATENE SCHOLLENFILETS MIT TOMATENCOULIS UND PESTO-KARTOFFELSALAT

Tomaten auf ein Sieb geben, abtropfen lassen, den Tomatensaft aufbewahren. Tomatenfleisch entkernen und würfeln. Zwiebel und Knoblauch mit Olivenöl in der Pfanne andünsten, Tomaten, Tomatensaft und Thymian zugeben. Um die Hälfte einkochen. Mit Salz und Pfeffer abschmecken. Für den Kartoffelsalat Erdäpfel kochen, pellen und in Scheiben schneiden. Mit den restlichen Zutaten vermischen, Basilikum erst zum Schluß unterrühren. Fischfilets würzen, mehlieren und in Öl goldbraun anbraten. Öl abgießen und mit Butter nachbraten. Zum Anrichten Filets auf Teller geben, mit Tomatencoulis und Pesto-Kartoffelsalat garnieren und servieren.

M
Restaurant Jörg Müller

Für den Fisch:
Filets von vier Nordseeschollen
1 Glas Tomaten
1 gewürfelte Zwiebel
1 kleine gehackte Knoblauchzehe
2 EL Olivenöl
1 Zweig Thymian
60 g Butter
Öl zum Braten
Für den Pesto-Kartoffelsalat:
800 g Kartoffeln
1 gewürfelte Zwiebel
3 EL püriertes frisches Basilikum
3 EL Olivenöl
3 EL Essig
2 EL Fleischfond (s. S. 108)
Salz
Pfeffer

NO. 11

GEBRATENE HEILBUTTSCHNITTE AUF SCHMORGURKEN

Gurken waschen, schälen, entkernen und in 1 cm dicke Stücke schneiden. Mit gehackten Schalotten in Butter gut anschwitzen, mit Wein und Fischfond ablöschen. Crème fraîche zugeben, mit Salz, Pfeffer, Pernod abschmecken und weich kochen. Heilbutt waschen und trockentupfen. In 8 gleiche Stücke schneiden, würzen, leicht mehlieren und in Butter auf den Punkt braten. Schmorgurken mit gezupften Dill und geschlagener Sahne verfeinern.
Zum Anrichten das Gurkengemüse auf Teller verteilen und darauf die Heilbuttschnitten setzen. Dazu Kartoffeln servieren.

M

Restaurant Jörg Müller

700 g Heilbuttfilet

800 g Schmorgurken

3 Schalotten

0,1 L Weißwein

0,2 L Crème fraîche

0,2 L Fischfond (s. S. 108)

60 g Butter

2 cl Pernod

2 EL geschlagene Sahne

Dill

Salz

Pfeffer

NO. 12

VARIATIONEN VON DER HEIDE-ENTE AUF GRÜNKOHL

Für die Ente Keulen enthäuten, Knochen auslösen. Mit Salz, Pfeffer Knoblauch, Rosmarin 1 Tag marinieren. Anschließend die Keulen im Entenfett 1 1/2 Stunden kochen bis sie weich sind. Auskühlen lassen.
Für das Gemüse den Grünkohl von den Rippen streifen und zupfen. Mehrmals waschen und dann blanchieren. Kohl ausdrücken. Schmalz im Topf erhitzen, Zwiebel glasig anschwitzen und Kohl zugeben. Geflügelfond zugießen. Gewürze in einem Beutelchen fest verschnüren und zugeben. 1 Stunde kochen, dann Speck und Haferflocken zugeben und 1 weitere Stunde köcheln lassen. Fond abgießen, Gewürzbeutel und Speck herausnehmen. Kohl auskühlen lassen. Die Entenbrüste auf der Hautseite karoartig einschneiden, damit das Fett beim Garen austreten kann. Salzen und pfeffern und auf der Hautseite anbraten. Dann für 8 Minuten in den 200° C heißen Räucherofen schieben.
Zum Anrichten Entenbrüste nach dem Räuchern kurz ruhen lassen, dann in Scheiben schneiden. Entenkeulen im Fett erhitzen. Grünkohl erwärmen, auf Teller geben, Keulen und Entenbrust darauf anrichten Wer's mag: kleine in Zucker gebratene Kartoffeln dazu servieren.

Für den Grünkohl:

2 gehackte Zwiebeln

1,3 kg Grünkohl

80 g Schweineschmalz

150 g Rauchspeck

0,5 L Geflügelfond (S.108)

1 EL Haferflocken

M

Restaurant Jörg Müller

Für den Gewürzbeutel:

8 weiße Pfefferkörner

1/2 Lorbeerblatt

3 Pimentkörner

1 Nelke

Für die Ente:

4 ausgelöste, parierte Entenbrüste

4 Entenkeulen

1 Rosmarinzweig

1 gehackte Knoblauchzehe

15 g grobes Salz, Pfeffer

500 g Entenfett

Räucherofen

Räuchermehl

NO. 13

FASANENBRUST IM SAUERKRAUTMANTEL

Für das Gemüse: Sauerkraut waschen und ausdrücken. Zwiebel in Streifen schneiden, Speck fein würfeln und in Butter anschwitzen. Kraut zugeben, Wein zugießen und die Gewürze in einem Leinenbeutelchen hineingeben. Apfel schälen und ins Kraut raspeln. 40 Minuten köcheln lassen. Dann auf einem Sieb abtropfen und abkühlen lasssen.
Die Tiere zerlegen. Zuerst die Brust auslösen, enthäuten und beiseite legen. Restliches Fleisch für die Farce auslösen. Haut, Sehnen und Karkassen scharf anbraten, mit Cognac ablöschen, Wasser zugießen und einkochen.
Für die Farce Lebern würzen und kurz anbraten, auskühlen lassen. Das ausgelöste Fasanenfleisch im Froster leicht anfrieren. Im Mixer mit der Crème double und den Lebern zu einer Farce aufmontieren. Mit Salz, Pfeffer und Cognac abschmecken.
Für den Fasan Kohlblätter in Essigsalzwasser nicht zu kurz blanchieren und abtropfen lassen. Fasanenbrüste würzen und in Butterfett anbraten. Kohlblätter ausbreiten, Farce und Sauerkraut vermischen und über die Blätter verteilen. Fasanenbrüste drauflegen und mit den Kohlblättern umwickeln. Mit Schlachtergarn verschnüren. In der Pfanne anbraten und in einem Bräter im vorgeheizten Backofen bei 180° C 15 Minuten garen. Zum Anrichten die Sauce durch ein feines Sieb geben und mit Butter aufmontieren. Zu den Fasanenbrüsten auf Teller geben. Reste vom Sauerkraut dazu servieren.
Tip: Die Fasanenbrüste können sehr dick sein - es empfiehlt sich, die Brüste längs durchzuschneiden und zwei Portionen daraus zu machen.

Für den Fasan:
2 Fasane
30 g Butterfett
Schlachtergarn
4 Weißkohlblätter
Essig
Salz, Pfeffer

Für das Sauerkraut:
250 g Sauerkraut
1 Zwiebel
1 Apfel Holsteiner Cox
20 g geräucherter Speck
20 g Butter
1 Lorbeerblatt
2 Wacholderbeeren
5 weiße Pfefferkörner
0,1 L trockener Weißwein

Für die Farce:
150 g Fasanenkeulenfleisch ohne Haut und Sehnen
2 Fasanenlebern (sofern vorhanden)
150 g Crème double
Cognac
Salz, Pfeffer, Butter

M
Restaurant Jörg Müller

Bei Schafzüchter John R. Petersen kaufen viele Sylter Köche Lammfleisch ein. Aber auch viele Gäste nehmen sich einen Lammrücken als kulinarisches Souvenir mit.

NO. 14

DEICHLAMMSCHULTER MIT KRÄUTERKRUSTE

Bräter mit Öl ausstreichen. Gemüse schälen, putzen und in Stücke schneiden. Zwiebeln und Knoblauch schälen und hacken. Alles in den Bräter geben. Fleisch salzen und pfeffern, in einer Pfanne von allen Seiten gut anbraten. Dann auf das Gemüse im Bräter legen. Rotwein, Tomatenmark, Thymian, Rosmarin, Lammfond zugeben und den Bräter abdecken (Alufolie) . Im vorgeheizten Ofen bei 180° C 1 Stunde schmoren. Dann die Temperatur auf 160° C zurückstellen, Fleisch wenden und weitere 40 Minuten garen. Sobald das Fleisch weich ist, herausnehmen.
Für die Kräuter-Mie-de-pain alle Zutaten mischen und würzen. Damit das Fleisch bestreuen, Butterstückchen drübergeben und goldbraun überbacken. Für die Sauce Bratenfond aus dem Bräter durch ein Sieb geben, mit etwas Speisestärke leicht abbinden. Zum Anrichten Fleisch aufschneiden, auf 4 Teller verteilen, Sauce angießen. Dazu paßt als Beilage Wirsing oder grüne Bohnen und Kartoffeln.

M
Restaurant Jörg Müller

Für das Fleisch:

1 kg Lammschulter und
2 Lammhaxen
1 Lauchstange
2 Karotten
2 mittelgroße Zwiebeln
2 Knoblauchzehen
1 Thymianzweig
1 Rosmarinzweig
1 EL Tomatenmark
0,2 L Rotwein
0,5 L Lammfond (s. S. 108)
Salz, Pfeffer

Für die Kräuter-Mie-de-pain:

2 El gehackte Kräuter
(Petersilie, Thymian, Rosmarin)
1 gehackte Knoblauchzehe
4 EL Weißbrotkrumen
50 g Butter
Salz, Pfeffer
Speisestärke

NO. 15

LAMMCURRY SCHARF MIT BROCCOLI UND BASMATIREIS

Lammfleisch mit Salz, Pfeffer, etwas Curry würzen und in einer Pfanne anbraten. Zwiebel in Öl andünsten. Obst schälen, putzen und in kleine Würfel schneiden. Mit dem angebratenen Lammragout zur Zwiebel geben. Mit Wein und Fond auffüllen. Mit Curry würzen und weich kochen. Fleisch herausnehmen, Sauce und Fruchtstücke im Mixer pürieren. Mit Joghurt verfeinern und mit dem Fleisch wieder aufkochen. Abschmecken. Zum Anrichten das Fleisch mit der Sauce auf Teller geben, Broccoli und Basmatireis dazu reichen.

M
Restaurant Jörg Müller

1,2 kg Lammragout aus der Schulter geschnitten
1 feingeschnittene Zwiebel
1 kleine Ananas
500 g Pfirsiche
1 reife Banane
2 EL Currypulver
0,2 L Weißwein
1 L Lammfond (s. S. 108)
Salz
Pfeffer,
Öl
Joghurt

NO. 16

WILDENTE MIT ÄPFELN UND MARONEN GEFÜLLT

Für die Füllung: Gemüse putzen, mit Zwiebeln und Knoblauch in Stücke schneiden. Entenlebern säubern, in kleine Stücken schneiden und beiseite stellen. Äpfel schälen, in Scheiben schneiden, in Butter anbraten und zum Auskühlen beiseite stellen. Weißbrot entrinden, würfeln und in Butter goldgelb anrösten. Auskühlen lassen. Maronen mit einem Messer anritzen, auf ein Backblech legen und im sehr heißen Backofen einige Minuten rösten. Herausnehmen und heiß schälen.
Für die Wildenten die vorbereitete Leber, Äpfel, Maronen, Weißbrot mit Eiern mischen. Die Füllung mit Salz, Pfeffer, Muskat, Majoran und Zimt abschmecken. Wildenten von innen würzen, die Füllung hineingeben und mit Stopfnadel und Zwirn zunähen. Bräter mit Öl erhitzen, Enten außen gut würzen und von allen Seiten mit dem Speck gut anbraten, herausnehmen.
In den Bräter das vorbereitete Gemüse zum Speck geben und alles gut anschwitzen. Orange, Lorbeerblatt, Nelken, Wacholderbeeren und Tomatenmark zugeben. Rotwein und Geflügelfond zugießen. Wildenten in die Sauce legen und abgedeckt bei mäßiger Hitze ca. 2 Stunden im Ofen dämpfen. Dann die Enten herausnehmen und halbieren. Die Hälften auf eine Platte legen, mit Butter bestreichen und im Ofen bei starker Oberhitze kroß braten.
Für die Sauce: Bratenfond aus dem Bräter durch ein Sieb geben, mit Kartoffelstärke abbinden und mit Portwein abschmecken. Zum Anrichten: Wildentenhälften auf Teller geben, Sauce angießen. Dazu Rotkohl und Kartoffelpüree servieren.

Für die Wildente:

2 bratfertige Wildenten
120 g Enten- oder Geflügelleber
200 g Boskop-Äpfel
200 g Maronen
200 g Weißbrot
2 Eier
1 EL gehackte Petersilie
50 g Butter
Muskat, Majoran, Zimt
Salz, Pfeffer
100 g Speckschwarte
1 Karotte
1 Lauchstange
1/2 Sellerie
1 Knoblauchzehe
2 Zwiebeln
1/4 unbehandelte Orange
1 Lorbeerblatt
4 Nelken
8 Wacholderbeeren
3 EL Öl
1 EL Tomatenmark
1 L Geflügelfond (s. S. 108)
0,2 L Rotwein
0,1 L Portwein
1 TL Kartoffelstärke
Stopfnadel, Zwirn

M
Restaurant Jörg Müller

NO. 17

WILDHASENFILET IM BLÄTTERTEIG AUF LEBKUCHENSAUCE

Für die Füllung: Pilze säubern, trockentupfen und feinhacken. In Butter Pilze und Schalotten anschwitzen. Abkühlen lassen. Weißbrotkrumen, Eigelb und Petersilie unterrühren. Mit Salz und Pfeffer abschmecken.

Für die Sauce: Lebkuchen im Mixer zerkleinern. In eine Kasserolle mit dem Wildfond geben und bei milder Hitze um die Hälfte reduzieren. Sauce gut durchmixen, durch ein feines Sieb streichen. Mit Gin und Cognac verfeinern.

Kirschen: Den Kirschsaft auf ein Drittel einkochen, mit 1 El Butter verrühren. Darin die Kirschen glacieren.

Für die Hasenfilets Butter in eine Pfanne geben und die gewürzten Filets darin kurz anbraten und abkühlen lassen. Die Filets mit der Füllung bestreichen. Blätterteig dünn ausrollen und die Filets damit einwickeln. Mit verdünntem Eigelb bestreichen und im vorgeheizten Ofen bei 200° C 10 Minuten backen.

Zum Anrichten die Lebkuchensauce mit Butterwürfeln verrühren, mit der geschlagenen Sahne abrunden. Sauce zum Hasenfilet geben, mit den Kirschen garnieren. Dazu Spätzle und Wirsing servieren.

M

Restaurant Jörg Müller

Für das Fleisch:

4 Hasenrückenfilets, aus dem Knochen gelöst
200 g Blätterteig
1 Eigelb mit 1 EL Wasser verdünnt
40 g Butter
Salz, Pfeffer

Für die Füllung:

250 g Waldpilze
1 EL gehackte Schalotten
2 EL Weißbrotkrumen
1 Eigelb
1 EL gehackte Petersilie
40 g Butter

Für die Sauce:

0,4 L Wildfond (s. S. 108)
50 g Kochlebkuchen
1 EL Gin
2 EL Cognac
2 EL geschlagene Sahne
40 g kalte Butterwürfel
Salz, Pfeffer

Für die Kirschen:

150 g Schattenmorellen
0,25 L Kirschsaft
1 EL Butter

Die Sylter Jäger versorgen Müllers Restaurant während der Jagdzeit mit frisch geschossenen Hasen. Bis zu 100 Langohren pro Jahr verarbeitet Müller in seiner Küche.

Drei Variationen von der Ananas

NO. 18

DREI VARIATIONEN VON DER ANANAS: ANANASMOUSSE

Ananas, Zucker und Eigelbe im Mixer pürieren. Im Wasserbad unter ständigem Rühren cremig aufschlagen. Gelatine in kaltem Wasser einweichen, ausdrücken und unter die noch warme Masse mischen. Weiterrühren bis die Ananasmousse zu gelieren beginnt, dann die geschlagene Sahne unterheben. Masse in ausgespülte Förmchen oder Schüsseln geben und fest werden lassen. Zum Anrichten kurz vorher 3 Sekunden ins heiße Wasser tauchen und dann auf Teller stürzen.

200 g frische Ananaswürfel

50 g Zucker

2 Eigelbe

5 Blatt Gelatine

0,2 L geschlagene Sahne

M

Restaurant Jörg Müller

NO. 18 B

TOPFEN-GRATINMASSE

Quark auf ein ausgebreitetes Küchentuch geben, die Tuchenden zusammen binden und so kräftig ausdrücken. Hälfte des Zuckers mit Eigelb schaumig schlagen und mit dem ausgedrückten Quark vermischen. Obst waschen, putzen und in mundgerechte Stücke schneiden. Früchte in eine kleine Backform legen. Eiweiß mit Restzucker schaumig schlagen und unter die Topfenmasse heben. Damit die Früchte überziehen. Im vorgeheizten Ofen bei 200° C 15 Minuten überbacken.

150 g Quark (20% Fettanteil)

1 Eigelb

2 Eiweiß

40 g Zucker

Frische Ananasstücken und andere Früchte nach Geschmack

M

Restaurant Jörg Müller

NO. 18 C

ANANAS-ERDBEERSÜLZE

Gelatine einweichen, ausdrücken und im leicht erwärmten Ananassaft auflösen. Ingwer schälen, in dünne Streifen schneiden, Erdbeerwürfel und die Ananaswürfel zugeben. In kleine Förmchen füllen und sechs Stunden kalt stellen.
Tip: Für das Stürzen genauso verfahren wie bei der Mousse. Zum Anrichten jeweils eine Portion von jeder Ananas-Variation auf Teller geben.

0,2 L Ananassaft

100 g frische Ananaswürfel

100 g Erdbeerwürfel

5 Blatt Gelatine

20 g frischer Ingwer

M

Restaurant Jörg Müller

Unvergessen das ungläubige Staunen der TV-Zuschauer, als in einer beliebten Food-Serie der sonst eher zart besaitete Moderator plötzlich einen kleinen Flammenwerfer hervorzauberte. Schelmisch entlockte er dem Bunsenbrenner noch einen lauten »Wuff«, worauf dem sowieso aufgeregten weiblichen Studiogast die letzte Contenance abhanden kam und sie um ihr Leben fürchtete. Sie atmete erst erleichtert auf, als der Moderator nicht sie, sondern die kleinen Crème-bruleé - Förmchen mit dem Feuerstrahl bearbeitete.
Sollten Sie jemanden in der Familie haben, der in der Küche absolut nicht zu gebrauchen ist, dem geben Sie jetzt eine Chance.
Merke: Ein Bunsenbrenner in der Hand ersetzt den Kochverstand.

NO. 19

CREME BRULÉE ODER DIE STUNDE DES HEIMWERKERS

Sahne, Eigelbe, Zucker und das ausgeschabte Mark einer Vanilleschote im Mixer mischen. Masse in tiefe Teller oder kleine Förmchen geben und im vorgeheizten Ofen bei 150° C 25 Minuten backen, bis die Masse zu stocken beginnt Aus dem Ofen nehmen, abkühlen lassen und mit Zucker bestreuen. Dann die Oberfläche mit dem Bunsenbrenner karamelisieren; Vorsicht, der Zucker darf nicht schwarz werden.

Für sechs Portionen:

6 Eigelbe
0,5 L Sahne
50 g Zucker
1 Vanilleschote
1 Bunsenbrenner

M
Restaurant Jörg Müller

NO. 20

GEBACKENE FLIEDERBLÜTEN AUF HEIDELBEERKOMPOTT

Für das Kompott Johannisbeersaft mit Orangensaft, Orangen-und Zitronenschale, Zucker aufkochen und mit etwas Speisestärke binden. Heidelbeeren zugeben und nochmal aufkochen. Abkühlen lassen, Drambuie zugeben und kalt stellen.
Für die Fliederblüten Teig aus Mehl, Weißwein, Zucker und Salz anrühren. Pfanne zur Hälfte mit Öl füllen und erhitzen. Fliederblüten in den Teig tauchen. Mit dem Blütenstand nach unten ins Öl setzen. Den Stiel mit einer Schere abschneiden. Teig gut Farbe nehmen lassen und dann die Dolde umdrehen. Aus der Pfanne nehmen, gut abtropfen lassen und in Zimtzucker wälzen. Zum Anrichten das Heidelbeerkompott auf Teller geben und die ausgebackenen Fliederblüten draufsetzen.

M
Restaurant Jörg Müller

Für die Fliederblüten:

4-8 Fliederblütendolden (Holunderdolden)
0,25 L Weißwein
50 g Zucker
200 g Mehl
Salz
Öl zum Ausbacken
Zimtzucker

Für das Heidelbeerkompott:

0,25 L schw. Johannisbeersaft
Saft von 2 Orangen
1 Tl geriebene Orangenschale
1 Tl geriebene Zitronenschale
100 g Zucker
Speisestärke
500 g Heidelbeeren
2 El Drambuie (schottischer Whiskylikör)

Jörg Müller vor seiner Kleinstbrennerei

MÜLLER'S EDLE BRÄNDE

EIN FEST DER SINNE

Noch aus seiner Zeit in den Schweizer Stuben in Wertheim hat sich Jörg Müller eine feine Nase für gute Obstbrände bewahrt. Dort am Fuß des Spessart werden seit Jahrhunderten feine Obstbrände hergestellt. Müller suchte sich für seine Schnäpse eine Brennerei, die schon 1811 in Großheubach gegründet wurde und seitdem Brände verschiedenster Art produziert. Die Früchte dafür stammen größtenteils aus eigenen Obstgärten. Praktischerweise stellt die Firma Adrian, einst eine Kupferschmiede, auch gleichzeitig Destillationsgeräte für die Produktion her.

Ein kleines Exemplar besitzt Jörg Müller, von der Größe eher ein Spielzeug, kann es jedoch richtigen Obstler destillieren. Müller verkauft aber lieber Brände aus Flaschen mit seinem Etikett – zehn Sorten hat er im Programm. Inzwischen verkauft er kaum noch Obstbrände anderer Hersteller. »Die eigenen Brände werden von den Gästen fast nur noch bestellt«, stellt er zufrieden fest. Bei der Auswahl auch kein Wunder – vom Apfelbrand bis zur Williamsbirne bleiben keine Wünsche offen.

1
3
2

RESTAURANT HINKFUS

MITTAGS DIE SCHÖNSTEN BEINE
VON WENNINGSTEDT –
ABENDS DIE GROSSE PARADE MIT
HUMMER UND KAVIAR

1. Gänsestopflebermousse · 2. Aalterrine · 3. Blumenkohlterrine
4. Wenningstedter Muschelbrot · 5. Schlachtterrine · Rezepte Seite 36/37

ULI, INGA
UND DIE BRIGADE VOM DORFTEICH

Familie Hinkfuss und Mitarbeiter vor dem Restaurant in Wenningstedt.

IMMER WENN ES MAI WIRD, TUMMELN SICH DIE FREUNDE DER FEINEN DEFTIGKEIT AM STRAND VON WENNINGSTEDT.

Sie tuscheln, raunen und es fallen Sätze wie »Uli hat wieder die schönsten Beine von Wenningstedt...« und genüßlich schnalzen Gäste beiderlei Geschlechts mit der Zunge, verdrehen ein bißchen die Augen voller Erinnerung und Vorfreude. Das Subjekt ihrer Begierden heißt tatsächlich Ulrich, mit Nachnamen Hinkfuss und worauf sich die Gäste freuen, sind nicht seine ein halbes Jahrhundert alte Waden, sondern die Eisbeine, die es leider nur mittags in seinem Restaurant am Dorfteich gibt. Aber die perfekte, deftige Küche ist nur eine Seite dieses großen Kochs.

Die andere Seite ist Thema der Abend-Gala, wenn Hinkfuss die imposante Gourmet-Parade inszeniert. Ein schlichtes »must« ist sein Gänsestopfleberparfait, in absoluter Handarbeit vom Chef selber produziert, aber auch seine Hummer-Variationen oder die große Steinbutt-Offensive. Aber bürgerliche Küche mittags und Grande Cuisine abends – und das bitte an sechs Tagen in der Woche – das schafft auch ein Ulrich Hinkfuss nur mit seiner grandiosen Gattin Inga, die mit ihrer Mannschaft umsichtig den Service bewältigt. Aber auch der Teamchef ist natürlich nur so gut wie seine Mannschaft. Und die jungen Köche um ihn herum verehren ihn, auch wenn es gelegentlich in der Küche etwas laut wird und die unüberhörbare »Berliner Schnauze« des gebürtigen Potsdamers ertönt. Doch das hat Seltenheitswert. Eher ist das Gegenteil der Fall. Denn zum Abschluß einer jeden Saison lädt das Ehepaar Hinkfuss die gesamte Crew zum großen Diner eines berühmten Kollegen ein. Auch das hält die Hinkfuss-Family zusammen. Kommentar eines Jungkochs zur mißglückten Vorspeise des Sterne-Kochs: »Du, Chef, du, so`n Teller hätten wir nicht aus der Küche gelassen, nich?« – Nein, Uli Hinkfuss, ganz bestimmt nicht, das versichern Dir Deine Gäste.

Ravioli mit Ochsenschwanz

NO. 1

RAVIOLI MIT OCHSENSCHWANZ IM EIGENEN SUD

Für den Sud Ochsenschwanz im Fond garziehen lassen, bis sich das Fleisch leicht vom Knochen löst. Das kann bis zu drei Stunden dauern. Das Fleisch herausnehmen und den Fond durch ein feines Sieb geben. Im Fond die in mundgerechte Stücke geschnittenen Gemüse 10 Minuten garen.
Für die Raviolifüllung das Kalbfleisch in grobe Stücke schneiden und mit den Gemüsen in die Küchenmaschine geben. Sahne dazugießen, mit den Gewürzen abschmecken und alles gut durchmixen.
Für den Ravioliteig auf einer Platte Mehl, Eier, Öl und Salz zu einem Teig verkneten. Soviel Wasser zugeben, daß ein fester, aber geschmeidiger Teig entsteht. Eine Kugel formen und eine Stunde ruhen lassen.Dann den Teig entweder mit der Nudelmaschine oder mit der Teigrolle dünn ausrollen. Mit einem Glas oder einem Teigrad Kreise ausstechen. Darauf einen Löffel Füllung geben. Die Teigränder mit Eigelb bepinseln und zu Halbmonden zusammenlegen. Die Ravioli etwas andrücken, damit Luft entweicht und an den Rändern fest zusammendrücken. Vorsichtig die Ravioli in siedendem Salzwasser fünf Minuten ziehen lassen. Wenn die Ravioli an die Wasseroberfläche steigen, sind sie gar.
Zum Anrichten die Ochsenschwanzstücke im Sud erwärmen. Zwiebelringe in Butter anrösten. Auf jeden Teller 1 Ochsenschwanzstück und Ravioli geben, mit Sud und Gemüse auffüllen. Die Zwiebelringe drüberstreuen.

Für die Raviolifüllung:

100 g mageres Kalbfleisch
100 g Sahne
3 EL gehackte Karotte, Lauch, Sellerie
1 Prise Pfeffer, Paprika, Cayennepfeffer, Salz

Für den Ravioliteig:

250 g Mehl
3 Eier
2 TL Olivenöl
1/2 TL Salz
Wasser

Für den Sud:

4 Ochsenschwanzstücke
400 g frische Gemüse der Saison
1,5 L Kalbsfond (s. S. 108)
4 Zwiebeln
50 g Butter

H
Restaurant Hinkfuss

Uli Hinkfuss: »Omelettes werden in der Küche neuerdings sträflich vernachlässigt. Deshalb hier einige Beispiele zur Wiederbelebung.«

NO. 2

OMELETTE IN MEHREREN VARIATIONEN

Eier schaumig aufschlagen und würzen. Butter in einer schweren, nicht zu großen Pfanne erhitzen, bis sie schwach braun ist. Dann die Eimasse hineingeben, sobald die Masse anzieht vorsichtig mit dem Holzspatel rühren. Am Rand die Eimasse etwas umschlagen, dann die Ränder so zusammenlegen, daß sie sich in der Pfannenmitte treffen. Ein gutes Omelett á la Hinkfuss sollte innen saftig und außen nur leicht angebräunt sein. Es wird in der Mitte aufgeschnitten, um die Füllung aufzunehmen.

Für ein Omelette:

3 Eier

1 EL Butter

Salz, Pfeffer, Muskat

Restaurant Hinkfuss

NO. 3

OMELETTE FRICASSEE VON RÄUCHERFISCHEN

Das Gemüse waschen, putzen und in kleine Würfel schneiden. Blumenkohl in kleine Röschen zerteilen. Spargelspitzen in 6 cm lange Stücken schneiden. Jedes Gemüse getrennt so kochen, daß sie gerade noch »Biß« haben. Die Velouté erhitzen, die abgetropften Gemüse hineingeben. Zum Anrichten die Sauce mit Gemüsen auf die Omeletts verteilen. Aal und Räucherfisch auf die Sauce geben. Heiß servieren. Mit gehackten Kerbelblättchen bestreuen.

Restaurant Hinkfuss

0,6 L Fischvelouté (s. S. 108)

4 EL Blumenkohlröschen

4 EL Kohlrabiwürfel

8 EL Spargelspitzen

4 EL Fenchelwürfel

1 EL Karottenwürfel

1 kleines, gewürfeltes Aalfilet

4 EL gezupfter Räucherfisch

1 Bund gehackter Kerbel

NO. 3 B

OMELETTE MIT SPARGELFÜLLUNG

Den möglichst frischen Spargel schälen und 3 cm unterhalb der Köpfe abschneiden. Die Spargelköpfe in Salzwasser 10 Minuten blanchieren, so daß sie noch bissfest sind. Die übrigen Spargelstangen in streichholzdicke Stifte (Julienne) schneiden. Die Butter mit dem Zucker hell karamelisieren und mit Orangensaft ablöschen. Die Spargeljulienne zugeben und mit Salz und Pfeffer würzen. Sobald der Spargel fast gar ist, die Omelettes aufschneiden. Zum Anrichten mit dem karamelisierten Spargel füllen und mit den Spargelspitzen garnieren. Dazu passen kleine gekochte Saatkartoffeln.

800 g Spargel

2 EL Butter

2 EL Zucker

0,125 L Orangensaft

Salz, Pfeffer

Restaurant Hinkfuss

NO. 4

GEBRATENES ROTBARSCHFILET, KALT SERVIERT

Die Fischfilets kurz mit Salz, Pfeffer und Zitronensaft marinieren. In reichlich Olivenöl von beiden Seiten knusprig braten. Die Filets nebeneinander in eine hochbordige Form legen. Den Lauch waschen und die weißen Stücke abschneiden. Die grünen Stangen in Öl nur leicht sautieren. Die weißen längs in Streifen schneiden und in der Pfanne mit Öl leicht anbräunen. Die Safranfäden drüberstreuen und kurz weiter braten. Den weißen Lauch auf die Fischfilets geben, darauf das Lauchgrün legen. Mit den kleingehackten Oliven bestreuen. Alles dicht mit Folie abdecken und 24 Stunden im Kühlschrank ruhen lassen. *Für die Sauce* Spinat und Sauerampfer kurz blanchieren und kalt abschrecken. Mit den gewaschenen Kräutern sehr fein hacken und durch ein feines Sieb streichen. Mit der Mayonnaise verrühren. Zum Anrichten die Sauce zum Fisch mit knusprig gebratenen Kartoffeln servieren.

4 Rotbarschfilets
Olivenöl
10 Stangen Frühlingslauch
20 entkernte grüne und schwarze Oliven
10 Safranfäden
Salz, Pfeffer, Zitronensaft

Für die Sauce:
10 Spinatblätter
5 Blatt Sauerampfer
1 Bund gemischte Kräuter
4 EL Mayonnaise

H
Restaurant Hinkfuss

NO. 5

Nach einem alten Rezept von Oma Emmy Hinkfuss aus Berlin

LAMMBRATWURST MIT MALZBIERSAUCE UND SPITZKOHL

Für die Sauce Malzbier mit Zwiebelwürfeln aufkochen und um die Hälfte reduzieren. Aus Butterfett und Mehl ein milchkaffeebraune Mehlschwitze herstellen und mit Malzbierfond auffüllen. (8 EL für den Kohl übrig lassen) Einkochen und mit den Gewürzen abschmecken. Die Kohlköpfe halbieren und mit der Schnittfläche nach oben in eine Kasserolle setzen. Mit Butterflöckchen belegen und mit dem restlichen Malzbierfond begießen. Mit Kümmel, Salz und Pfeffer würzen. Im vorgeheizten Ofen bei 200 Grad 30 Minuten garen. Die Würste in der Pfanne mit Öl anbraten. Mit Kohl und Sauce servieren. Dazu paßt Kartoffelpüree.

H
Restaurant Hinkfuss

12 kleine Lammbratwürste
Öl zum Braten
Für die Sauce:
0,7 L Malzbier
1 gehackte Zwiebel
1 EL Butterfett
1 EL Mehl
1/2 TL geriebene Orangenschale
1 Prise Zucker

Für den Spitzkohl:
2 kleine, junge Spitzkohlköpfe
50 g Butterflocken
8 EL Malzbierfond
1 EL Kümmel
Salz, Pfeffer

Eisbein mit Sauerkraut

NO. 6

EISBEIN MIT SAUERKRAUT, ERBSPÜREE UND SPECKSTIBBE

Erbsen mindestens sechs Stunden in Wasser einweichen. Eisbeine abspülen, in einem großen Topf mit reichlich Wasser aufkochen. Hitze runterschalten und gründlich abschäumen. Zwiebeln und Gewürze zugeben und etwa 90 Minuten köcheln lassen, bis das Fleisch weich ist, aber noch nicht vom Knochen fällt. Schmalz im Topf erhitzen, aber nicht braun werden lassen, Sauerkraut Zwiebel und Gewürze zugeben. Wein zugießen und mindestens 90 Minuten köcheln lassen. Eingeweichte Erbsen mit etwas durchgesiebter Eisbeinbrühe und Speckschwarte durchköcheln lassen. Achtung: die Erbsen setzen leicht an und schäumen schnell über. Sobald die Erbsen weich sind, durch ein grobes Sieb streichen. Mit Butter sämig rühren, mit Salz, Pfeffer und einer Prise Zucker abschmecken. Kurz vor dem Servieren den geräucherten Speck und die gewürfelte Zwiebel kroß braten. Die Eisbeine auslösen und in vier Portionen teilen. Zum Anrichten Fleisch, Sauerkraut und Erbspüree auf Teller geben. Speckstibbe übers Erbspüree gießen. Dazu passen Salzkartoffeln oder Püree, auf jeden Fall aber viel Senf.

2 gepökelte Eisbeine a 1,2 kg
2 Zwiebeln mit Nelken gespickt
je 1 TL Pimentkörner, schwarze und weiße Pfefferkörner, Wacholderbeeren, Senfkörner
700 g Sauerkraut
0,1 L trockener Weißwein
1 Zwiebel mit Nelken gespickt
250 g getrocknete grüne Erbsen
2 Lorbeerblätter
50 g geräucherte Speckschwarte
0,25 L Eisbeinbrühe
50 g feingewürfelter Schinkenspeck
1 gewürfelte Zwiebel

H
Restaurant Hinkfuss

Dieses Gericht ist ein Hinkfuss-Klassiker schlechthin. In der Winterszeit, wenn es auf der Insel etwas ruhiger zugeht (das soll vorkommen), ist es nicht nur einmal geschehen, daß sich Sylter Spitzenköche an einem grauen, kalten Tag beim Kollegen Hinkfüssle, wie ihn die badischen Winzer liebevoll titulieren, zu einem schlichten Eisbein trafen – zu den schönsten Beinen von Wenningstedt.

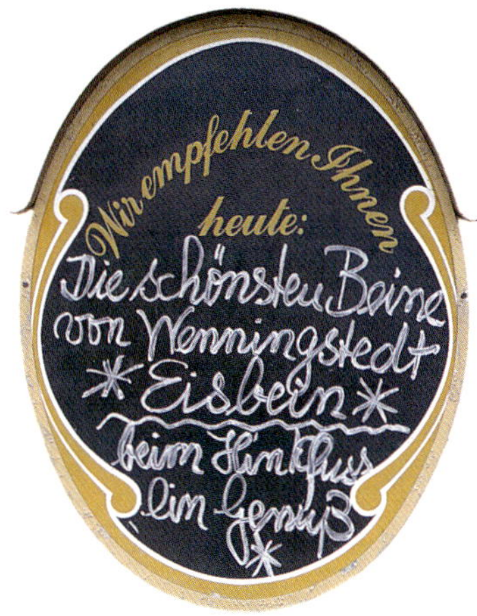

NO. 7

Ein Rezept von Oma Emmy aus Berlin

KÖNIGSBERGER KLOPSE

Semmeln in Wasser einweichen. Hack mit den ausgedrückten Semmeln, Senf, Meerrettich, Salz und Pfeffer gut vermengen. Kräftig durchkneten, bis ein homogener Teig entsteht. Abschmecken und eventuell mit Senf und Meerrettich nachwürzen. Von der Masse etwa 80 g schwere Klopse abdrehen. Fond im Topf erhitzen, nacheinander die Klopse hineingeben. Im siedenden Fond garziehen lassen, bis sie aufsteigen. Klopse herausnehmen und warm stellen. Fond durch ein Sieb geben. Für die Sauce Butter und Mehl im Topf anschwitzen. Mit dem Fond aufgießen und unter Rühren mit dem Schneebesen langsam aufkochen lassen. Sahne angießen, weiter rühren und durch ein feines Sieb geben. Kapern dazugeben und Klopse in der Sauce erwärmen. Im Restaurant am Wenningstedter Dorfteich serviert man dazu eingelegte Rote Bete und Petersilienkartoffeln.

500 g Rinderhack
500 g Schweinehack
7 trockene Semmeln
3 Eier
1 EL Senf
1 EL Meerrettich
Salz, Pfeffer
20 g Mehl
40 g Butter
0,2 L Sahne
5 EL Kapern nonpareille

H
Restaurant Hinkfuss

NO. 8

AALTERRINE

Das eiskalte Hechtfilet in kleine Würfel schneiden, mit der Sahne im Mixer zu einer homogenen Farce aufmixen. Mit Salz abschmecken und durch ein Sieb streichen. Mangoldblätter in Salzwasser blanchieren und in Eiswasser abschrecken. Karottenwürfel in Salzwasser garkochen und abtropfen lassen. Rote Bete schälen und klein würfeln, mit Wasser, Wein und Salz aufkochen. Rote Bete herausnehmen und den Fond mit einem Spritzer Weinessig aromatisieren und von der Herdplatte nehmen. Die eingeweichten Gelatineblätter im Rote-Bete-Fond auflösen und weiter abkühlen lassen. Terrinenform mit kaltem Wasser ausspülen. Den Boden mit einer Schicht Hechtfarce bedecken. Aalfilets mit Mangoldblätter umwickeln und auf die Länge der Terrinenform zuschneiden. Ein Filet auf den Boden legen, zwei weitere an die Längsseiten der Form. Mit der Hechtfarce und den Karottenwürfeln auffüllen. Oben drauf noch ein Aalfilet legen. Rote-Bete-Würfel mit der Hechtfarce vermischen, auf das obere Aalfilet geben und glattstreichen. Jetzt die Terrine mit dem abgekühlten Rote-Bete-Fond auffüllen und einen Tag im Kühlschrank ruhen lassen.

1 Form mit 0,75 L Inhalt
100 g Räucheraalfilet
200 g Hechtfilet ohne Gräten
0,2 L Sahne
Cayennepfeffer
Salz
2 EL gewürfelte Karotten
Mangoldblätter
2 kleine Rote Bete
0,125 L Weißwein
0,125 L Wasser
8 Blatt Gelatine
1 Spritzer Weißweinessig

H
Restaurant Hinkfuss

Ein geübter Blick – Inga Hinkfuss managt den Service mit Freude am Detail.

NO. 9

SCHLACHTTERRINE

Würste und Filet auf die Länge der Terrine zuschneiden. Sauerkraut klein schneiden, mit Wein und Wasser garen. Abkühlen lassen und die eingeweichten Gelatineblätter im Kraut auflösen. Terrine ausspülen, Boden und Seiten mit den Blutwurstscheiben ¾-hoch auslegen. Eine Schicht abgetropftes und kurz ausgedrücktes Sauerkraut hineingeben. Das angebratene Schweinefilet in die Mitte legen, daneben zwei Würste. Wieder mit einer Schicht Sauerkraut auffüllen und restliche Würste drauflegen. Mit dem restlichen Sauerkraut einen glatten Deckel bilden. Im Kühlschrank fest werden lassen.

1 Terrinenform 0,75 L Inhalt
3 Scheiben Blutwurst, ca 200 g
2 WienerWürstchen á 80 g
2 kräftige Würste nach Geschmack
100 g Schweinefilet
250 g Sauerkraut
8 Blatt Gelatine
0,1 L Weißwein

H
Restaurant Hinkfuss

NO. 10

GÄNSESTOPFLEBERMOUSSE IN FLIEDERBEERGELEE

Die Gänsestopfleber von Häutchen und Adern säubern. Durch ein feines Sieb drücken, mit Pastetengewürz und Salz fein abschmecken. Kalbsfond und Port erhitzen (nicht kochen) und um die Hälfte einkochen lassen. Die Gelatine unterrühren, bis sie ganz aufgelöst ist. Die Flüssigkeit unter die Lebermousse rühren, nach und nach die Sahne unterheben, bis eine homogene Masse entsteht. Für das Gelee den Fliederbeersaft erhitzen, etwas abkühlen lassen, dann die eingeweichte Gelatine unterrühren. Den Boden der Form mit einem Zentimeter dicken Saucenspiegel bedecken. Abkühlen lassen bis das Gelee fest wird.
Die Lebermousse vorsichtig einfüllen, glatt streichen und warten bis sie fest wird. Dann den Rest des Gelees drübergießen und erkalten lassen. In Scheiben servieren.
Die Mousse ist maximal 3 Tage im Kühlschrank haltbar.

100 g Gänsestopfleber
0,3 L geschl. Sahne
3 EL Kalbsfond (s.Seite 108)
3 EL weißer Portwein
3 Blatt eingeweichte Gelatine
1 Prise Pastetengewürz
Salz
Für das Gelee:
0,2 L Fliederbeersaft
7 Blatt eingeweichte Gelatine
40 g Zucker
1 Pastetenform für 0,5 L

H
Restaurant Hinkfuss

NO. 11

GEFLÜGELEINTOPF BUNTES HUHN

Das Huhn in einen großen Topf geben und mit Wasser auffüllen, so daß es gerade bedeckt ist. Lorbeer und Piment zugeben und schon jetzt salzen. Im offenen Topf nur leicht simmernd kochen. Dabei immer wieder den Schaum abschöpfen, damit die Brühe klar bleibt.
Sobald ein kräftiger Hühnerfond enstanden und das Huhn gar ist, aus der Brühe nehmen und in mundgerechte Stücke ohne Haut schneiden. Falls nötig die Brühe durch ein Sieb geben. Das Gemüse waschen, putzen und in nicht zu kleine Stücke schneiden. In der Brühe aufkochen, danach nur auf kleiner Flamme köcheln lassen. Inzwischen Nudeln oder Reis als Beilage zubereiten. Die glatte Petersilie grob zerkleinern. Das Fleisch zum Erwärmen in die Brühe geben und nochmals mit Salz abschmecken. Zum Anrichten auf jeden Teller 1-2 El Nudeln oder Reis geben, mit Suppe und Hühnerfleisch auffüllen. Petersilie drüberstreuen.

1 Huhn ca. 1 Kg
10 Pimentkörner
2 Lorbeerblätter
Salz
800 g Gemüse der Saison
z.B. Erbsen, Blumenkohl, Spargel, Morcheln.
Auf jeden Fall: Lauch, Karotten, Sellerie und Liebstöckel
zum Würzen
1 Bund Petersilie
Nudeln oder Reis

H
Restaurant Hinkfuss

NO. 12

GEFÜLLTE KALBSBRUST MIT PFEFFERAPRIKOSEN UND SPITZKOHL

Tip von Uli Hinkfuss:
»Man darf keine Bratgeräusche hören, sonst wird das Fleisch zu hart und ist beim Aufschneiden zu trocken.«

Kalbsbrust vom Schlachter entbeinen und eine Tasche für die Füllung hineinschneiden lassen. Kalbsbrät aus den Würsten drücken, mit den Kräutern, Pfeffer und Knoblauch zu einem geschmeidigen Teig verarbeiten. Fleischtasche mit einem Teil der Füllung füllen - nicht zuviel hineingeben sonst platzt die Tasche. Die Öffnung mit Schlachtergarn zunähen. Fleisch in einen Bräter geben, Fond angießen und bei 160 Grad im vorgeheizten Ofen garen. Den Braten häufiger wenden und mit Bratensaft begießen.
Für das Obst: Aprikosen waschen, abtrocknen und entkernen. In die Kern-Höhlung einen TL von der Bratwurstfüllung füllen und gut zusammendrücken. Die gefüllten Früchte in eine Kasserolle geben und den Kalbsfond angießen. Mit grünem Pfeffer und einer Prise Zucker pochieren bis sie gerade weich sind und noch nicht auseinanderfallen. Beiseite stellen und die Hälfte des Fonds abgießen. Für den Spitzkohl verwenden. Die äußeren Spitzkohlblätter entfernen und den Kohl längs halbieren. Die Kohlhälften in der Butter anschmoren und salzen. Den Aprikosenfond und Campari zugießen. Im Backofen zu Ende garen.
Für die Sauce die Schalotten in der Butter glasig dünsten. Den Kalbsbraten aus dem Fond nehmen und warm stellen. Fond zu den Schalotten geben und einkochen. Zum Anrichten Braten in gleichmäßige Scheiben schneiden. Auf Teller verteilen, die Sauce angießen, 3 Aprikosen mit Fond und je eine Spitzkohlhälfte mit Camparifond dazugeben. Dazu paßt Polenta oder Tagliatelle.

1,2 kg Kalbsbrust
2 Kalbsbratwürste oder
500 g Kalbsbrät
je 1/2 TL Thymian, Rosmarin, Majoran, Petersilie, Schnittlauch
1 TL bunter Pfeffer
3 zerdrückte Knoblauchzehen
0,5 L Kalbsfond (s. S. 108)
Schlachtergarn

Für die Aprikosen:
12 Aprikosen
0,5 L Kalbsfond (s. S. 108)
1 TL grüner Pfeffer
1 Prise Zucker

Für den Spitzkohl:
2 kleine Spitzkohlköpfe
4 cl Campari
20 g Butter

Für die Sauce:
Kalbsfond vom Braten (s. S.108)
2 gehackte Schalotten
20 g Butter

H
Restaurant Hinkfuss

NO. 13

LABSKAUS NACH DEM REZEPT EINES ALTEN KAP-HOORNIERS

Zwiebeln und Rote Bete schälen und grob zerteilen. Mit Pökelfleisch und Gewürzen in reichlich Wasser so lange köcheln, bis das Fleisch weich ist. Fleisch kleinschneiden oder durch einen Fleischwolf drehen. Brühe durch ein Sieb geben. 5 Zwiebeln kleinschneiden und im Schmalz glasig dünsten. Mit einem halben Liter Pökelbrühe ablöschen und 20 Minuten lang weichkochen. Kartoffeln schälen und kochen. Wasser abgießen, Kartoffeln zerstampfen und die Zwiebeln mit der Brühe und dem kleingeschnittenen Pökelfleisch vermengen. Alles nochmal kräftig durchstampfen, eventuell noch Brühe zugießen und abschmecken. Spiegeleier braten. Zum Anrichten eine ordentliche Portion Labskaus auf jeden Teller füllen, das Spiegelei obendrauf setzen, mit Gabelmöpsen, Rote Bete, Senfgurke und Kürbis garnieren.

Für das Fleisch:

400 g gepökelte Rinderbrust
400 g gepökeltes Schweinefleisch
1 Zwiebel
1 kleine Rote Bete
2 Lorbeerblätter
1 TL weiße Pfefferkörner
1 TL Wacholderbeeren
4 Nelken
1 Kg Kartoffeln
5 Zwiebeln
1 EL Schmalz
0,5 L Pökelfleischbrühe
Salz, Pfeffer

Beilagen:

4 kleine Gabelmöpse
4 Stück Senfgurken
4 EL eingelegte Kürbisstücken
16 Scheiben Rote Bete
4 Spiegeleier

H
Restaurant Hinkfuss

Uli Hinkfuss hat das handgeschriebene Original in seinem alten Gästebuch aufbewahrt. Ganz liebe Gäste dürfen reinschauen.

Tip: Dazu trinken die Genießer auf Sylt gerne ein kräftiges, frischgezapftes Bier!

NO. 14

ROTWURSTSTRUDEL MIT STACHELBEERWEINKRAUT

Mehl, Ei, Schmalz und etwas lauwarmes Wasser zu einem Teig verarbeiten. Eine runde Kugel formen und eine Stunde ruhen lassen. Rinder- und Schweinehack mit einem Ei und Sahne vermengen, mit den Gewürzen sowie Senf und Meerrettich kräftig abschmecken. Toastbrot unterkneten. Im Mixer zu einer geschmeidigen Farce verarbeiten. Rotwurst kleinwürfeln und mit der Farce vermischen. Den Teig auf einer bemehlten Fläche dünn ausrollen. In die Mitte eine Rolle aus der Rotwurstfarce geben. Die Teigränder mit Eiweiß bestreichen. Den Teig zu einem länglichen Paket zusammenlegen und mit Eigelb bestreichen. Auf ein eingefettes Backblech legen und im vorgeheizten Ofen bei 190 Grad goldgelb ausbacken.
Für das Sauerkraut Schmalz in einem Topf auslassen, Kraut zufügen, mit Wein und Wasser aufkochen. Kurz vor Ende der Garzeit die geputzten Stachelbeeren zugeben. Die Beeren sollten zu Brei verkochen. Äpfel schälen, entkernen und in Ringe schneiden. Mit Butter in der Pfanne anbraten. Zum Anrichten den Strudel in Scheiben schneiden, je zwei auf einen Teller geben, mit Kraut und Äpfelringen umlegen.

Für den Teig:

100 g Mehl
1 Ei
30 g Schmalz

Für die Füllung:

200 g Rotwurst
je 50 g Rinder- u. Schweinehack
1 trockene Toastscheibe
0,125 L Sahne
Salz, Pfeffer,
Thymian, Majoran
1 TL Senf,
Meerrettich
1 Ei
600 g Sauerkraut
3 EL Schmalz
0,1 L Weißwein
200 g reife Stachelbeeren
2 Äpfel
Butter

H
Restaurant Hinkfuss

NO. 15

DORSCH MIT KAPERNÄPFELN

Beim Fischhändler zwei schöne Schwanzstücke aussuchen, denn die enthalten weniger Gräten. Die Mittelgräte vom Verkäufer entfernen, Haut dranlassen und den Fisch in vier gleiche Stücke portionieren lassen. Mit Butter in der Pfanne die Hautseite zuerst anbraten, dann die andere Seite. Bei mäßiger Hitze die Butter nicht schwarz werden lassen. Salzen und pfeffern. Fisch herausnehmen und abgetropfte Kapernäpfel kurz in der Fischbutter erhitzen. Vorsichtig umrühren. Kartoffeln mit der Schale kochen, pellen und in dünne Scheiben schneiden. Für die Bechamelsauce Butter und Mehl hell anschwitzen. Milch angießen, die Zwiebel zugeben, mit Salz und Pfeffer abschmecken. Langsam köcheln lassen und mit dem Schneebesen stetig durchrühren. Sahne zugießen und weiter köcheln lassen. Kartoffelscheiben in eine Auflaufform schichten und die Sauce drübergießen. Auf die Kartoffeln die Dorschstücke mit der Hautseite nach unten legen. Auf den Fisch die Kapernbutter verteilen. Im vorgeheizten Ofen bei 200 °C sechs bis acht Minuten überglänzen.

H
Restaurant Hinkfuss

600 g Dorschfilet
Butter zum Braten
Salz
25 Kapernäpfel
500 g kl. Saatkartoffeln
50 g Butter
40 g Mehl
0,7 L Milch
1 kleine Zwiebel gespickt mit einer Nelke
1 Lorbeerblatt
0,2 L Sahne
Salz
Pfeffer

NO. 16

KAROTTEN-MEERRETTICHTORTE MIT RÄUCHERLACHS IN TRÜFFELHONIG

Mürbeteig wie Rezept nächste Seite backen.
Für die Füllung die Möhren putzen und in lange dünne Streifen schneiden (Sparschäler). In Salzwasser weichkochen und im Sieb abtropfen lassen. 0,1 L Sahne erhitzen, vom Herd nehmen und mit 6 Blatt Gelatine verrühren. Abkühlen lassen, Meerrettich und geschlagene Sahne unterheben. Mürbeteigboden mit der kurz blanchierten Blattpetersilie auslegen. Darüber die Möhrenstreifen in zwei Lagen verteilen, je nach Dicke der Streifen. Darauf die Meerrettichsauce geben. Im Kühlschrank fest werden lassen. Etwas Meerrettichcreme aufbewahren.
Für das Gelee Rote Bete schälen und würfeln.In Wasser, Wein und Balsamessig garkochen. Durch ein Sieb geben und die Flüssigkeit mit vier Blatt Gelatine verrühren. Abkühlen lassen. Kurz bevor die Masse zu gelieren beginnt, über die abgekühlte Karottentorte gießen. Torte weiter abkühlen lassen.
Für die Sauce Honig mit einigen Tropfen Trüffelöl aromatisieren. Zum Anrichten den Tortenrand mit dem Rest Meerrettichsahne und Kapern verzieren. Jeweils ein Stück Karottentorte mit einer Rosette aus Lachs und 1 TL Trüffelhonig auf die Teller geben.

1 Springform 23 cm Ø, 5 cm hoch
Für die Füllung:
250 g Karotten
0,1 L Sahne
6 Blatt eingeweichte Gelatine
0,3 L geschlagene Sahne
6 EL Meerrettich aus dem Glas
3 Zweige Blattpetersilie
Zum Garnieren:
Meerrettich, Kapern
Für das Gelee:
1 große Rote Bete
0,1 L Weißwein
0,2 L Wasser
1 EL Balsamessig
4 Blatt eingeweichte Gelatine
Für die Sauce:
8 Scheiben Räucherlachs
2 EL flüssiger Honig
Trüffelöl

H
Restaurant Hinkfuss

NO. 17

CHARLOTTE VOM HEIDESPARGEL

Für den Mürbeteig Mehl, Butter, Ei, Salz vermischen. Nach Bedarf Wasser zugeben und zu einem geschmeidigen Teig verkneten. Eine runde Kugel formen und ruhen lassen. Spargel schälen, holzige Endstücke abschneiden. In einem hohen Topf in Salzwasser plus einer Prise Zucker und etwas Butter kochen bis er bißfest ist. Er darf auf keinen Fall zu weichgekocht werden! 5 cm lange Spargelspitzen, längs halbieren und beiseite stellen. Für die Füllung Spargelreste abtropfen und im Mixer pürieren. Das Pürree leicht erwärmen und die 8 eingeweichten Gelatineblätter unterrühren, bis sie aufgelöst sind. Geschlagene Sahne unterheben und mit Salz abschmecken. Den Teig dünn ausrollen. Eine Platte für den Boden der eingefetteten Springform ausschneiden und die Ränder der Form ebenfalls mit Teigstreifen 2 cm hoch belegen. Streifen und Boden am Rand zusammendrücken, damit die Füllung nicht ausläuft. Boden bei 180° hell ausbacken und auskühlen lassen, dann mit Schinken belegen. Füllung 2 cm hoch einfüllen. Rest der Füllung beiseite stellen. Spargelköpfe dicht nebeneinander an den Rand der Form stellen, Rest der Füllung zugießen, bis die Köpfe nur noch 1/2 cm herausgucken. Mit Kerbelblättchen dekorieren. Weißherbst mit einer Prise Zucker und Salz erwärmen. Restliche, vorher eingeweichte Gelatineblätter unterrühren und abkühlen lassen. Dann über die Spargelfüllung gießen. Erkalten lassen. Zum Anrichten Springformring entfernen. Spargelcharlotte in Tortenstücke aufschneiden. Rest der Spargelfüllung auf Teller verteilen, Kaviarportionen draufgeben, Tortenstücke dazustellen. Sauce vert und kleine gekochte Kartöffelchen dazu reichen.

H
Restaurant Hinkfuss

Für den Mürbeteig:
150 g Mehl
100 g Butter
1 Ei
Salz, Wasser
1 Springform 23 cm Ø, 5 cm hoch
3 Scheiben Bayonner Kochschinken
1,2 kg dicke Spargelstangen
Salz, Zucker, Butter
0,5 L geschlagene Sahne
0,3 L Roséwein, z. B. Weißherbst
12 Blatt Gelatine
Zucker, Salz
4 TL od. El Kaviar
Kerbelblättchen
Sauce vert (s. S. 108)

NO. 18

ZIEGENKÄSE MIT LAUCH UND KRÄUTERSPECK

Vom Lauch nur das Grüne nehmen, waschen, putzen, in Stücke schneiden und mit Butter andünsten. Aus dem Käse 8 talergroße Würfel formen und mit Schinken kreuzweise umwickeln. Olivenöl in der Pfanne erhitzen, Rosmarin zugeben und die Käsewürfel kurz anbraten. Auf Tellern jeweils Lauch zu kleinen Häufchen formen, Käsewürfel draufsetzen. Mit Trüffelhonig von Rezept Nr. 16 beträufeln.

150 g Ziegenfrischkäse 2 grüne Frühlingslauchstangen
8 Scheiben luftgetrockneter Schinken
Olivenöl
Rosmarin

H
Restaurant Hinkfuss

Den besten Ziegenkäse gibt es bei Familie Findeisen in Keitum. Von März bis Oktober werden im Hofladen verschiedene Ziegenkäsesorten verkauft. Siehe Adresse Seite 112.

Schokoladenturm

NO. 19

SCHOKOLADENTURM MIT KANDIERTEN STRUDELBLÄTTERN

Mehl, Butter, Ei, Salz zu einem Teig verrühren, soviel Wasser zugeben, bis eine gut durchknetete Teigkugel entsteht. Mit Öl bestreichen und eine Stunde ruhen lassen. Eine Arbeitsplatte mit Mehl bestäuben und den Teig sehr dünn ausrollen. Mit einer Tasse 18 runde Teigblätter ausstechen und auf ein Backblech legen. Im vorgeheizten Ofen bei 180 Grad wenige Minuten hell backen lassen. Die Blätter herausnehmen, mit Puderzucker bestäuben und kurz im heißen Grill karamelisieren. Für die Creme Milch aufkochen, abkühlen lassen und die Schokolade mit dem Schneebesen unterrühren. In einer Schüssel Eigelbe und Zucker schaumig schlagen und mit dem Schneebesen unter die Schokoladenmilch rühren, bis die Masse cremig wird. Die eingeweichte Gelatine zugeben und weiter rühren. Die geschlagene Sahne unterheben und die Creme abkühlen lassen, bis die Masse fest ist. Zum Anrichten jeweils auf ein Teigblatt ein Portion Creme geben, ein Blatt daufsetzen und wieder Creme draufgeben usw.

100 g Mehl
1 Ei
20 g Butter
1/2 TL Salz
Puderzucker zum Glasieren
Mehl zum Ausrollen
Öl zum Bestreichen

Für die Creme:

3 Eigelbe
125 g Zucker
0,250 L Milch
100 g gehackte Vollmilchschokolade
8 g Gelatine
0,4 L geschlagene Sahne

H
Restaurant Hinkfuss

NO. 20

SCHWIMMENDE INSELN MIT PUNSCHBIRNEN

Die Milch mit der aufgeschnittenen Vanillestange aufkochen und bei kleiner Hitze köcheln lassen. Eiweiß und Puderzucker zu einem festen Eischnee aufschlagen. Mit dem Löffel kleine Klöße abstechen und in der heißen Milch garen lassen. Die Eischneeklöße herausnehmen und auf einem Tuch abtropfen lassen. Die Vanillestange aus der Milch nehmen. Eigelbe und Zucker gut vermengen und unter die nicht mehr kochende Milch schlagen. Dabei soll eine sämige Creme entstehen. Abkühlen lassen. *Für die Punschbirnen* den Rotwein mit dem Zucker aufkochen. Mit den Gewürzen und den geriebenen Orangen- u. Zitronenschalen weiter köcheln lassen, bis ein guter Rotweinpunsch entstanden ist. Durch ein Sieb geben. Die Birnen schälen, halbieren und das Kerngehäuse entfernen. Die Hälften im Punsch pochieren, bis die Birnen weich sind, aber noch nicht zerfallen. Im Punsch erkalten und 24 Stunden ziehen lassen. Zum Anrichten die Creme mit den Schneeklößchen auf tiefe Teller geben und mit jeweils einer Punschbirne garnieren.

1 L Milch
100 g Zucker
1/2 Vanillestange
4 Eiweiß und 4 Eigelbe
75 g Puderzucker

Für die Punschbirnen:

1 L Rotwein
1 kg Zucker
2 Birnen
5 Nelken
1 geriebene Ingwerwurzel
geriebene Orangen-und Zitronenschale

H
Restaurant Hinkfuss

von oben nach unten
Spätburgunder Weißherbst
H. Dörflinger
Weißer Burgunder
Dr. Heger
Gutedel H. Dörflinger

Frohes Schaffen im Frühstückszimmer: Uli Hinkfuss

KOCH ULI HINKFUSS LIEBT DEN WEIN. DESHALB SCHMÜCKT ER SEINE LIEBLINGSWEINE MIT EIGENEN ETIKETTEN

Bisher dekorierte er schon immer die schönsten Teller für seine Gäste. Schließlich hat er in den 50er Jahren in Berlin Kunst studiert. Doch jetzt hat er sich entschlossen, neue Wege zu gehen. Deshalb stellt er die etwas provokante Frage :

HAT DER WEIN

KEIN EIGENES GESICHT?

Wollen wir einen Wein beschreiben, so müssen wir schon weit ausholen und all unsere Fabulier- und Assoziationskräfte mobilisieren, um etwa den Charakter, seine Ausstrahlung und den Duft seines Bouquets, seine Farbe und nicht zuletzt seinen Geschmack zu beschreiben. Wir sprechen vom grünen Apfelton, von einer Pfirsichnote und dem ganzen Korb überreifer Waldbeeren, von orientalischen Früchten, schwärmen von feinen Mandelaromen und seiner zarten Butterigkeit. Ist der Wein nicht so edel geraten, scheint er uns grasig zu schmecken, hat einen unangenehmen Petrolton oder ist gar muffig und riecht nach nassem Gewölbe. Der persönlichen Begegnung mit dem Wein und unserer Beurteilung sind keine Grenzen gesetzt – so scheint es – und das ist gut so.

Wein anschaulich zu machen und optisch erlebbar zu gestalten, ist ein gewagtes Unterfangen. Ich habe den Versuch einer Annäherung mit den Mitteln der Aquarell-Malerei unternommen. Nach den Geschmacks-Portraits der Jahre 94-96 habe ich schon im Herbst 96 mit Vorstudien zu den »Duftharfen«-Bildern begonnen. Im Februar 97 bis in den März hinein entstanden etwa dreißig Blätter zu meinem »Duftharfen«-Zyklus. Allerdings konnten nur etwas mehr als die Hälfte bestehen. Geholfen haben mir die Weine so renommierter Winzer wie Hermann Dörflinger, Joachim Heger und Heinrich Männle aus Badischen Landen, von Gunter Künstler und den Weingütern Geheimrat J. Wegeler Erben aus dem Rheingau.

Ulrich Hinkfuß

Spätburgunder Weißherbst Heger

RESTAURANT SANSIBAR

MITTAGS MASSE MIT KLASSE,
ABENDS GROSSES DINIEREN IN DEUTSCH-
LANDS EINZIGER HOLZHÜTTE MIT
100.000 FLASCHEN WEIN
IM KELLER

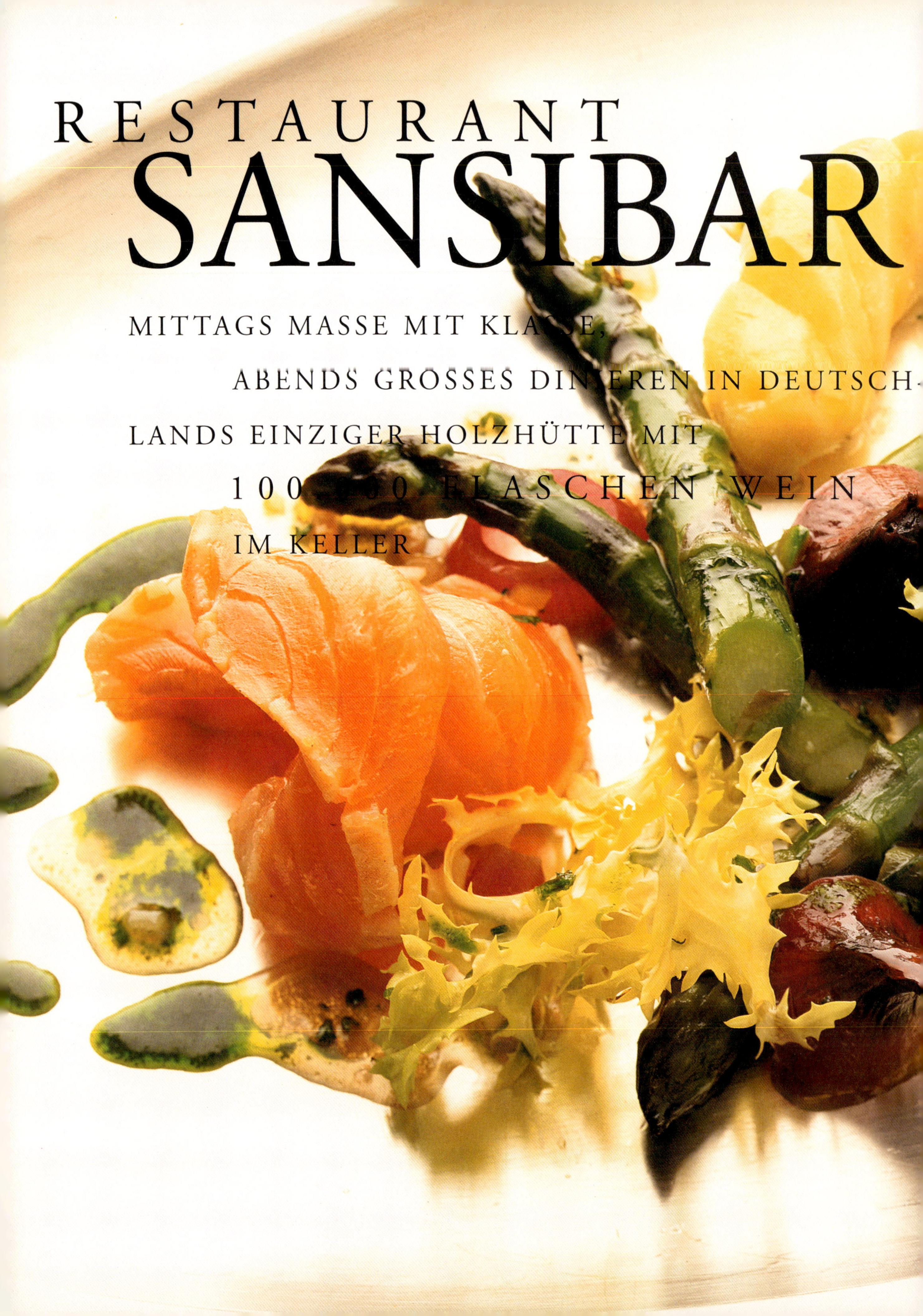

Warmer Spargelsalat mit gebeiztem Lachs · Rezept Seite 51

Familie Seckler mit Crew

HERBERT
KEIN WIRT HAT SOVIEL HERZ UND SOVIEL SEELE

SANSIBAR IST INZWISCHEN EINE LEGENDE. DAS LOKAL ZIEHT SEIT JAHREN TAUSENDE IN DIE DÜNEN AM RANTUMER STRAND.

Doch das eigentliche Phänomen des Restaurants ist die Kontinuität . Jedes andere Lokal hätte schon den soundsovielten Besitzer, der Gründer säße in der Karibik statt im Sansibar. Das Personal hätte mehrfach gewechselt, nicht so im Sansibar. Die Gäste wären weggeblieben-nicht im Sansibar. Der Grund für den gleichbleibenden Erfolg heißt Herbert Seckler. Der rundliche Schwabe wieselt jeden Tag ab 12 Uhr mittags durchs Lokal, schaut nach allem und jedem, hält hier ein Schwätzchen und plauscht da ein bißchen. Das sieht alles sehr leger und zwanglos aus, er verliert jedoch nie den Überblick. Wartet ein Gast zu lange, macht sich irgendwie Unmut breit, Herbert kümmert sich selber. Aber das ist selten, denn seine Crew gehört wohl zur aufmerksamsten und freundlichsten auf der ganzen Insel. Ein böses Wort fällt hier kaum, jedenfalls nicht vom Service. Und den aufrechtzuerhalten, wenn an einem schönen Sonnenmittag so um die 1000 Mahlzeiten über den Tresen gehen, ist ein weiterer Teil des Phänomens Sansibar. Wenn der Trubel allzu heftig wird, helfen Ehefrau Helga mit den Töchtern Barbara und Silke aus.

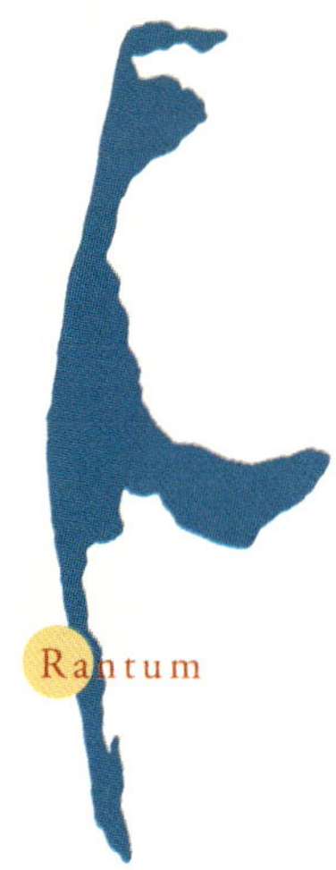

Seckler hält auch eisern an seinem Kurs fest, verzettelt sich nicht: »Isch hab Glück mit dem Laden gehabt, isch kann sowieso nischt anderes!« Bescheiden ist er geblieben, auch 20 TV-Auftritte haben aus ihm keinen Promi-Wirt gemacht. »Schau mich doch an, ich trag immer nur meine Turnschuhe und 'ne durchgescheuerte Jeans«. Aber die Promis lassen ihn nicht los. Modezar Karl Lagerfeld fand Wirt und Kneipe gleich so sympathisch, daß er eine ganze Woche blieb, um seinen Fotoband mit Claudia Schiffer zu fotografieren. Seckler glaubt jedoch den wahren Grund zu kennen: »Der konnte nicht genug von unserem Kaiserschmarrn kriegen – den hat er förmlich eingeatmet.« Kann man verstehen – siehe Rezept Seite 62.

Spaghetti mit iranischem Kaviar

NO. 1

SPAGHETTI MIT IRANISCHEM KAVIAR

Spaghetti in reichlich Salzwasser al dente kochen und gut abtropfen lassen. Olivenöl in der Pfanne erhitzen, Spaghetti dazugeben. Mit Salz und Muskat abschmecken. Die gehackte Petersilie untermengen. Zum Anrichten Spaghetti auf Teller verteilen, eine Nocke Sauerrahm in die Mitte plazieren und den kalten Kaviar auf Eis in Schalen sofort dazu servieren.

S
Restaurant Sansibar

350 g Spaghetti
4 EL Olivenöl
1 EL gehackte Petersilie
4 EL Sauerrahm in Nocken geformt
100 g Beluga-Malossol Kaviar
Salz, Muskat

NO. 2

WARMER SPARGELSALAT MIT GEBEIZTEM LACHS UND STERNANIS

Für den Lachs Sternanis und Fenchelsamen in der Moulinette fein zermahlen. Mit Meersalz, Olivenöl, Limonensaft und braunem Zucker gut vermischen. Den Lachs auf ein tiefes Blech legen, mit der Gewürzmischung einreiben. Mit Klarsichtfolie abdecken und 48 Stunden im Kühlschrank durchziehen lassen. Ab und zu wenden. Gewürze abwaschen und gut trocken tupfen. Öl in der Pfanne erhitzen und die Lachsseite beidseitig kurz scharf anbraten, auskühlen lassen und in Scheiben schneiden. *Für den Salat* vom Spargel die unteren Endstücke abschneiden und den Rest bis zum Kopf schälen. Rote Zwiebeln schälen und vierteln. Spargelstangen in Salzwasser in etwa10 Minuten bißfest kochen. Kurz vorher Zwiebelviertel mitkochen. Portwein und Essig verrühren, Salz und Zucker unter Rühren mit dem Schneebesen darin auflösen. Muskat zugeben. Öle dazu gießen und so lange weiterrühren,bis eine cremige Salatsauce entstanden ist. Zum Anrichten die warmen Spargelstangen, rote Zwiebelviertel, Petersilienstreifen auf einen Teller geben und mit der Vinaigrette übergießen, die Lachsscheiben dazulegen.

Für die Lachsbeize:
1 kg Lachsfilet mit Haut ohne Gräten
20 g brauner Zucker
20 g Sternanis
10 g Fenchelsamen
40 g Meersalz
3 EL Limonensaft
0,125 L Olivenöl

Für den Spargelsalat:
500 g grüner Spargel
2 rote Zwiebeln
1 Bund glatte Petersilie in Streifen
2 EL Estragonessig
2 EL weißer Portwein
1 EL Walnußöl
2 EL Olivenöl
1 EL Pflanzenöl
Salz, Zucker, Muskat

S
Restaurant Sansibar

NO. 3

HUMMERSUPPE

Für den Hummer: Zwiebel mit Nelken und Lorbeerblatt spicken. In einem großen Topf mindestens 3,5 L Wasser zum Kochen bringen. Salzen und die gespickte Zwiebel zugeben. Hummer mit dem Kopf zuerst ins kochende Wasser tauchen und zehn Minuten kochen lassen. Herausnehmen und in kaltem Wasser abschrecken. 1 L des Hummerfonds beiseite stellen. Hummerfleisch aus den Panzern auslösen, den Darm entfernen. Hummerfleisch beiseite stellen. *Für die Suppe* Hummerkarkassen (leere Panzer und Scheren) auswaschen und mit dem Mörser zerkleinern. Öl in einem Topf erhitzen und die Hummerkarkassen darin anrösten. Das gewaschene und grob zerkleinerte Gemüse mit dem Kerbelzweig hinzugeben. Mit Tomatenmark und Hummerfond ablöschen. Etwas einköcheln lassen, dann Bourbon, Wein und Sahne angießen. 30 Minuten köcheln lassen. Durch ein feines Sieb geben, mit Salz und Pfeffer abschmecken. Butter unterrühren und die steif geschlagene Sahne unterheben. Zum Anrichten das Hummerfleisch in mundgerechte Stücke schneiden. Auf tiefe Teller verteilen, mit Hummersuppe auffüllen und mit Kerbelblättern garnieren.

2 Hummer
1 Lorbeerblatt
1/2 Zwiebel
5 Nelken
Salz
3 El Öl
1 Karotte
1/2 Lauchstange
2 Zwiebeln
1 Kerbelzweig
20 g Tomatenmark
0,1 L Bourbon Whiskey
0,2 L Weißwein
0,4 L Sahne
20 g Butter
0,1 geschlagene Sahne
Salz, Pfeffer
Kerbelblätter zum Garnieren

S
Restaurant Sansibar

Glücklich im Sansibar – Helga und Herbert Seckler

NO. 4

CARPACCIO VON GEBRATENEM RINDERFILET

Aus Rotwein, Essig, Oregano, Rosmarin und Öl eine Marinade anrühren. Mit Salz und Pfeffer abschmecken. Rinderfilet in der Marinade 24 Stunden im Kühlschrank ziehen lassen. Fleisch herausnehmen und trockentupfen. Rinderfilet von beiden Seiten kurz anbraten, in Alufolie wickeln und im Eisschrank auskühlen lassen. Vor dem Aufschneiden Filet kurz im Froster anfrieren lassen, damit es sich besser dünn schneiden läßt. Marinade durch ein Sieb geben und vier Teller damit bestreichen. Rinderfilet in dünne Scheiben schneiden. Zum Anrichten kreisförmig auf die Teller legen, salzen und pfeffern. Mit Oregano und Rosmarin garnieren. Dazu paßt frisches Baguette.

200 g Rinderfilet
0,2 L Rotwein
2 EL Balsamessig von R. Bauer
1 EL Oregano
1 TL Rosmarin
4 EL Olivenöl
Salz, Pfeffer
Öl zum Braten

S
Restaurant Sansibar

NO. 5

GEMÜSESUPPE MIT RINDFLEISCH

Für das Fleisch Rindfleischknochen und Rindfleisch in kaltem Wasser zum Kochen bringen. Den aufsteigenden Schaum immer wieder mit einer Schaumkelle abschöpfen. Die halbierten Zwiebeln auf Alufolie dunkelbraun rösten und in die Brühe geben. Nach 1 1/2 Stunden alle restlichen Zutaten dazugeben und auf ca. 1,5 L einkochen. Mit Salz und Pfeffer abschmecken. Durch ein feines Sieb passieren. *Für die Gemüsesuppe* das Rindfleisch in kleine Würfel schneiden. Gemüse in Butter anschwitzen, mit Rindfleischbrühe auffüllen und ca. 12–15 Minuten ziehen lassen. Das gewürfelte Rindfleisch dazugeben. Zum Anrichten auf Teller verteilen und mit Schnittlauch bestreuen.

Für das Fleisch:

3,5 L Wasser
600 g Rinderbrust
500 g Roastbeefknochen
100 g halbierte Zwiebeln
je 70 g Karotten, Sellerie, Lauch, gewaschen und kleingeschnitten
500 g geschälte Tomaten
je 5 Pfefferkörner, Nelken, Lorbeerblätter
Petersilienstengel
Salz, Pfeffer

Für die Gemüsesuppe:

je 60 g Karotten, Lauch, Bohnen, Kaiserschoten, Blumenkohl - geputzt und kleingeschnitten
60 g gekochte Kartoffelscheiben
60 g Nudeln
4 EL Schnittlauch, in Röllchen geschnitten
20 g Butter

S
Restaurant Sansibar

NO. 6

ROBIOLA MIT KNOBLAUCHSPAGHETTI UND OFENTOMATEN

Für die Ofentomaten Zwiebeln schälen, in Scheiben schneiden, in die Pfanne geben und 5 Min. braten. Mit Salz und Pfeffer würzen, mit geriebenen Muskat abschmecken und beiseite stellen. Tomatenviertel, Zwiebeln auf ein tiefes Backblech legen, mit Salz, Pfeffer und einer Prise Zucker würzen. Mit Thymian, Rosmarin und Orangenschale bestreuen, Knoblauchscheiben auf die Tomaten-Gemüse-Mischung verteilen und alles mit Olivenöl beträufeln. Im 80°C heißen Ofen etwa drei Stunden schmoren. Zum Schluß die Petersilienblätter und Basilikum dazugeben. Spaghetti in reichlich Salzwasser al dente kochen. Olivenöl in einer Pfanne erhitzen, die Zwiebelwürfel und Knoblauchscheiben darin rösten. Die gekochten Spaghetti gut abtropfen, mit Knoblauch-Zwiebelöl begießen und mit Chiliringen, Petersilie und geriebenem Parmesan bestreuen. Mit Salz und Muskat abschmecken.

Zum Anrichten Spaghetti auf vier Teller verteilen, eine Scheibe Robiola dazulegen und mit Ofentomaten garnieren.

300 g Robiola (italienischer Frischkäse, 70% Fett i. d. Tr.)
2 Knoblauchzehen
0,2 L Olivenöl
1 gehackte Zwiebel
1 Bund gehackte Petersilie
2 entkernte Chilis, in Ringe geschnitten
1 EL geriebenen Parmesan
350 g Spaghetti
Salz, Pfeffer

Für die Ofentomaten:

500 g reife Tomaten
400 g Zwiebeln
4 Bund Basilikum
0,2 L Olivenöl
1 EL schwarze Pfefferkörner
1 TL. gehackter Thymian und Rosmarin
2 Knoblauchzehen in Scheiben
3 Gewürznelken
2 geriebene Orangenschalen
1 Bund glatte Petersilie
1 Prise Muskat
Salz, Pfeffer, Zucker

S
Restaurant Sansibar

NO. 7

KÄSENUDELN

Gemüse putzen, portionieren und blanchieren. Tagliatelle in reichlich Salzwasser al dente kochen. Auf ein Sieb schütten und gut abtropfen lassen. Olivenöl in einer Pfanne erhitzen, darin Zwiebel- und Knoblauchwürfel glasig dünsten. Gemüse dazugeben, gehackte Peperoni zugeben, mit Salz, Pfeffer und Muskat würzen. Tagliatelle mit Gemüsen und in Streifen geschnittenem Basilikum vermischen. Zum Anrichten Spaghetti auf vier tiefe Teller verteilen. Jeweils 1 El Sauerrahm in die Mitte plazieren und Parmesanspäne darüber streuen.

S
Restaurant Sansibar

500 g Tagliatelle
2 EL Olivenöl
1 gewürfelte Zwiebel
1 gehackte Knoblauchzehe
400 g Gemüse der Saison
(Kaiserschoten, Blumenkohl,
Karotten, Sellerie, Broccoli)
1 gehackte Peperoni
1 Bund Basilikum
4 EL Parmesanspäne
4 EL Sauerrahm
Salz, Pfeffer, Muskat

NO. 8

SCAMPI IN TEMPURATEIG GEBACKEN AUF THAIGEMÜSE

Tip: Man kann auch fertige Tempurateigmischung aus dem Asien-Shop verwenden.

Für den Tempurateig Stärke, Backpulver und Tandooripaste in einer Schüssel vermischen und unter Rühren Wasser zugießen. Eiweiß halbsteif schlagen und unterheben. Scampi putzen, der Länge nach halbieren und den Darm entfernen. Scampi würzen und im Mehl wenden. Reichlich Öl in einer Friteuse auf 170° C erhitzen. Scampi durch den Teig ziehen und im Öl 6–8 Minuten goldgelb ausbacken.
Für das Thaigemüse alle Gemüse putzen, waschen und in Streifen schneiden. Olivenöl in einer Pfanne erhitzen, die Gemüse ca. 5 Minuten braten, die restlichen Gewürze dazugeben, mit den Saucen und dem Rinderfond auffüllen und einmal aufkochen. Zum Anrichten das Thaigemüse auf vier Platten geben und die fritierten Scampi darauflegen. Dazu paßt Basmatireis.

S
Restaurant Sansibar

Für den Tempurateig:
24 Scampi
80 g Speisestärke
5 g Backpulver
5 g Tandooripaste
8 cl Eiswasser
2 Eiweiß
Öl zum Ausbacken
100 g Mehl zum Wenden
Für das Thaigemüse:
100 g Karottenstifte
100 g Thai-Spargelspitzen
1 Aubergine
1 Chinakohl
1 Bund Lauchzwiebeln
je 1 rote, gelbe Paprika
1 Chilischote
6 EL Chilisauce
6 EL Sojasauce
1 TL Wasabi (japanisches Meerrettichpulver)
0,2 L Rinderfond (s. S. 108)
Olivenöl

NO. 9

MITTELSTÜCK VOM WILDLACHS AUF CHAMPAGNERCREME

Lachs vom Fischhändler filetieren und in 4 Portionen schneiden lassen. Feuerfeste Form mit Butter einfetten und mit kleingehackter Schalotte bestreuen. Lachsstücke mit Salz und Pfeffer würzen. In die Form geben und mit Champagner angießen. Im vorgeheizten Ofen bei 220° C ca. 15 Minuten garen.
Für die Champagnercreme 0,2 L des gewonnenen Suds bis zur Dickflüssigkeit reduzieren, mit Sahne und Eigelb legieren. Von der Kochstelle nehmen und frische Butter einrühren. Mit Zitronensaft, Salz und Cayenne abschmecken. Zum Anrichten die sehr heiße Sauce auf Teller gießen und die Lachsstücke drauflegen. Dazu paßt Blattspinat, Petersilienkartoffeln oder Basmatireis.

S
Restaurant Sansibar

Für den Fisch:

800 g Mittelstück vom Lachs
100 g Butter
1 Schalotte
0,3 L Champagner
Salz, Pfeffer

Für die Champagnercreme:

0,2 L Champagner-Fischsud
0,2 L Sahne
2 Eigelbe
100 g Butter
Zitronensaft
Salz, Cayennepfeffer

NO. 10

FILETS VOM STEINBUTT, SEETEUFEL UND WILDLACHS AUF CHABLISSCHAUM

Für den Fisch Filets entgräten und jede Sorte in 4 Portionen schneiden. Feuerfeste Form mit Butter einfetten, mit feingehackter Schalotte bestreuen und die gewürzten Fischstücke hineinsetzen. Mit Chablis begießen. Im vorgeheizten Ofen langsam bei 220°C garen.
Für die Sauce 0,2 L Fischfond aus der Form nehmen, stark reduzieren, mit Sahne auffüllen und sämig einkochen. Vom Herd nehmen und frische Butter unterrühren. Mit Zitrone, Salz, Pfeffer und Cayennepfeffer abschmecken. Zum Anrichten die heiße Sauce auf die Teller gießen und jeweils 3 Fischfilets daraufsetzen. Dazu paßt Blattspinat und Kartoffel oder Basmatireis mit Gemüsen.

S
Restaurant Sansibar

Für den Fisch:

140 g Steinbuttfilet
140 g Wildlachsfilet
140 g Seeteufelfilet
100 g Butter
1 Schalotte
0,4 L Chablis
Salz, Pfeffer

Für den Chablisschaum:

0,2 L Chablis-Fischsud
0,2 L Sahne
150 g Butter
Zitronensaft
Salz, Cayennepfeffer

Nordmeerfische auf Sauerkraut

NO. 11

NORDMEERFISCHE AUF SAUERKRAUT MIT SAUCE HOLLANDAISE

Für das Sauerkraut Zwiebeln in Streifen schneiden, in einem Topf Schmalz erhitzen und darin dünsten lassen. Sauerkraut zugeben, mit Weißwein und soviel Wasser ablöschen, daß das Kraut gerade bedeckt ist. Gewürzbeutel zugeben, mit Salz und Zucker würzen. Für 1/2 Stunde unbedeckt in den auf 180° C vorgeheizten Ofen schieben, öfters umwenden. Dann abschmecken, Gewürzbeutel entfernen und das Kraut mit wenig Speisestärke leicht binden. *Für den Fisch* Scampi der Länge nach halbieren und den Darm entfernen. Filets und Scampis würzen und leicht mehlieren. Butter – Ölmischung in einer Pfanne leicht aufschäumen lassen. Fische und Scampi auf beiden Seiten knusprig braten, aus der Pfanne nehmen und zur Seite stellen. *Für die Sauce* Essig mit den zerdrückten Pfefferkörnern stark einkochen, bis nur noch 1 TL voll übrig ist. Durch ein Sieb geben und mit dem Wasser vermischen. Das gewürzte Wasser mit den Eigelben im Wasserbad aufschlagen, bis die Masse heiß und cremig ist. Vom Herd nehmen und nach und nach die handwarme Butter einschlagen. Mit Salz, Cayenne und Zitronensaft abschmecken.

Zum Anrichten Sauerkraut in eine Pfanne geben. Fischfilets und Scampi darauf verteilen und mit der Sauce bedecken. Kurz vor dem Servieren im vorgeheizten Ofen bei 240° C ca. 5-8 Minuten gratinieren. Dazu passen Sahnekartoffeln.

Für das Sauerkraut:

3 Zwiebeln
50 g Schweineschmalz
1 kg Sauerkraut
0,125 L Weißwein
Wasser
Salz, Zucker
Speisestärke
1 Gewürz-Kräutersäckchen bestehend aus:
15 Wacholderbeeren,
1 EL Kümmel,
1 Lorbeerblatt
1 Knoblauchzehe ,
10 Pfefferkörner
einige Petersilienstiele
1/2 Stangengensellerie,
1/2 Karotte, 1/2 Lauch

Für den Fisch:

800 g Fischfilets (Wildlachs, Meerbarbe, Seezungenfilets, Steinbutt etc.)
4 Scampi
Salz, Pfeffer
Mehl
Öl und Butter zum Braten

Für die Sauce Hollandaise:

1 EL Weinessig
6 Pfefferkörner
4 EL Wasser
1 gehackter Petersilienstiel
2 Eigelbe
50 g gesalzene Butter
50 g Süßrahmbutter
Salz, Cayennepfeffer
Zitronensaft

S
Restaurant Sansibar

NO. 12

SCAMPIPFANNE IN KNOBLAUCHBUTTER

Scampi würzen und in Butter-Ölmischung leicht aufschäumen lassen und knusprig braten. Lauch, Zwiebeln und Knoblauchzwiebeln zugeben und 4 Minuten weiter garen. Zum Anrichten Scampi mit Zitrone beträufeln, gehackte Petersilie drüberstreuen und in der Pfanne sofort servieren.
Dazu paßt heißes Baguette.

S
Restaurant Sansibar

24 geschälte Scampi
Salz und Pfeffer
Öl und Butter zum Braten
200 g geschnittener Lauch
200 g gewürfelte Zwiebeln
200 g Butter
100 g Knoblauchscheiben
1 Bund gehackte Petersilie
Zitronensaft
Salz und Pfeffer

NO. 13

CURRYHUHN

Für das Geflügel Masthuhn waschen, trockentupfen und in 8 Stücke teilen. Mit Currypulver einreiben. Die übrigen Würzzutaten zu einer Marinade verrühren, Hühnchenteile damit bestreichen. Knoblauch schälen und in Scheiben schneiden, Mit Kokoscreme mischen, damit die Geflügelteile nochmals bestreichen und 1 Stunde marinieren lassen.
Für die Currysauce Butter zerlassen und Currypulver, Safranfäden, Zwiebelwürfel darin andünsten. Selleriestangen in Stücke schneiden. Mango, Apfel, Banane schälen und in Stücke schneiden. Alles mit der Currypaste vermischen, Nelken, Lorbeerblatt und gehackte Ingwerwurzel zugeben. Mit Geflügelbrühe aufgießen und um ein Drittel einkochen. Dann Sauerrahm zugießen und zu einer Creme weiter reduzieren. Erdnußfett in einer Pfanne erhitzen und die Geflügelstücke von allen Seiten anbraten. Zugedeckt bei schwacher Hitze ca. 20 Minuten schmoren lassen.
Kurz vor dem Anrichten kalte Butter in Würfel schneiden, unter die Currysauce rühren und zum Geflügel servieren.
Dazu paßt Basmati-Reis.

S
Restaurant Sansibar

Für das Huhn:
1,5 kg Masthuhn
1 EL Currypulver
1 EL Mehl
0,1 L Sojasauce
1 EL Ingwersirup mit Frucht
1 Knoblauchzehe
1 EL Kokoscreme

Für die Currysauce:
30 g Butter
1 EL Currypulver
2 EL Zwiebelwürfel
2 EL Staudensellerie
1 Apfel
1 Mango
1 Banane
1 TL Currypaste
0,125 L Geflügelbrühe
0,1 L Sauerrahm
1 Lorbeerblatt
2 Gewürznelken
50 g Erdnussfett
20 g kalte Butter
10 Safranfäden

Wenn im Sansibar kein Platz frei ist, warten die Gäste in den Strandkörben.

NO. 14

BARBECUE VOM HUHN

Für die Marinade alle Zutaten miteinander vermischen, das Masthuhn in 8 Stücke teilen und in der Marinade 24–48 Stunden in einem verschlossenen Behälter kühl aufbewahren. Für die BBQ-Sauce Schalotten in heißem Olivenöl andünsten, Knoblauch zugeben. Tomatensaft, Honig und Ananassaft beifügen. Etwa 5 Minuten dünsten, dabei öfter umrühren. Gewürze und Ananaswürfel beifügen, zuletzt Petersilie untermengen.
Für das Huhn Erdnussöl in einer Pfanne erhitzen und die Geflügelstücke von allen Seiten anbraten. Zugedeckt bei schwacher Hitze ca. 30 Minuten schmoren lassen. Zum Anrichten Hühnerstücke mit BBQ-Sauce auf Teller geben, Salate dazu reichen.

S
Restaurant Sansibar

Für die Marinade:

1,5 kg Masthuhn
0,1 L Chilisauce
0,2 L Tomatensaft
200 g Honig
0,1 L Sojasauce
0,1 L Worcestershiresauce
1 TL Tabasco
0,1 L Olivenöl
0,1 L Eisweinessig v. R. Bauer
0,5 L Mineralwasser

Für die Barbequesauce:

2 cl Olivenöl
2 gewürfelte Schalotten
1 gehackte Knoblauchzehe
0,15 L Tomatensaft
1 EL gehackte Petersilie
4 cl Ananassaft
1 TL Chilisauce
1/2 TL Worcestershiresauce
1 EL Honig
2 EL Ananasfleisch
0,1 L Erdnußöl

NO. 15

RINDERGULASCH

Zitronenschale abreiben, mit Knoblauch, 1 Tl Salz in einem Mörser fein zerstoßen. Zwiebeln schälen und in Streifen schneiden. Fleisch mit Salz und Pfeffer würzen. In einen Topf die Hälfte des Öls geben und das Gulasch kräftig anbraten. Herausnehmen und beiseite stellen. Im selben Topf mit dem restlichen Öl die Zwiebeln leicht anbräunen, das Fleisch wieder zugeben und weiter bräunen. Tomatenmark und Paprika zugeben. Immer wieder umrühren, damit es gut von allen Seiten anbräunt. Mit Rotwein ablöschen und mit Fond auffüllen. Bei kleiner Hitze weiter köcheln lassen, bis das Fleisch weich und die Sauce sämig ist. Zum Anrichten mit der Mischung aus dem Mörser würzen. Dazu passen Kartoffeln oder Spätzle oder Tagliatelle.

1,5 kg Gulasch aus dem Bug
1 kg Zwiebeln
2 geputzte Knoblauchzehen
1 Zitrone
0,5 L Rotwein
20 g Tomatenmark
10 g edelsüßer Paprika
0,2 L Öl
1,5 L Rinderfond (s. S. 108)
Salz, Pfeffer

S
Restaurant Sansibar

Wiener Schnitzel

NO. 16

WIENER SCHNITZEL

Tip: Schnitzel an den Rändern einschneiden, damit sich das Fleisch beim Braten nicht zusammenzieht.
Schnitzel beidseitig würzen, Eier mit der Gabel verschlagen. Schnitzel in Mehl wälzen, durchs aufgeschlagene Ei ziehen und in Semmelbrösel wenden. Reichlich Butter in einer großen Pfanne erhitzen und die Schnitzel darin vorsichtig braten, so daß die Panade nicht beschädigt wird. Dann abtropfen lassen. Zum Anrichten Schnitzel auf Servietten servieren, dazu die Sansibar-Garnitur mit Zitronenscheiben und mit Kapern gefüllte Sardellenfilets reichen. Dazu paßt lauwarmer Kartoffelsalat oder Bratkartoffeln.

600 g Kalbschnitzel,
8 Stücke vom Schlachter
zurechtschneiden lassen
2 Eier
Salz, Pfeffer
50 g Mehl
Frisch geriebene Semmelbrösel
Butter zum Braten
Zitronenscheiben
Sardellenfilets
Kapern

S
Restaurant Sansibar

NO. 17

U.S. MARMORRUMPSTEAK, ZUBEREITET WIE IN NEW ORLEANS

Kräuter und Gewürze mit Mehl verrühren. Marmorsteaks mit Salz und Pfeffer würzen und in der Gewürzmischung wenden. Olivenöl und Knoblauchöl in einer Eisenpfanne stark erhitzen und die Marmorsteaks von beiden Seiten scharf anbraten. Im vorgeheizten Ofen bei 240° C ca. 10-12 Minuten garen. Die Steaks sind dann medium gebraten. Zum Anrichten Rumpsteaks auf Teller geben und Folienkartoffeln mit Schnittlauchschmand dazu servieren.

S
Restaurant Sansibar

4 U.S. Marmorrumpsteaks á ca.250g
20 g Cayennepfeffer
20 g scharfes Paprikapulver
30 g edelsüßes Paprikapulver
20 g schwarzer Pfeffer
30 g weißer Pfeffer
je 15 g gehackter Oregano,
Thymian, Rosmarin
1 cl Knoblauchöl
15 g Salz
40 g Mehl
Salz, Pfeffer
Olivenöl zum Braten

NO. 18

KAISERSCHMARRN

Mehl, Milch, Vanillezucker, Zitronen- und Orangenschale, Vanilleschotenmark und Eigelbe glattrühren. Eiweiß mit Zucker steif schlagen und mit der Sahne unterheben. Butter in einer Pfanne erhitzen,die gesamte Masse einfüllen und kurz anziehen lassen. Rosinen und Mandelblätter einstreuen.
Im vorgeheizten Ofen bei 180°C backen. Wenn die Unterseite goldbraun ist, mit zwei Gabeln wenden und in ca. 5 cm große Stücke reißen. Zum Anrichten mit Puderzucker bestreuen, fertig backen und sofort servieren.
Dazu paßt Apfelmus oder Vanilleeis.

S
Restaurant Sansibar

180 g Mehl
0,375 L Milch
8 Eiweiß
8 Eigelbe
100 g Vanillezucker
5 cl geschlagene Sahne
50 g Butter
30 g Rosinen
30 g Mandelblätter
je 1/2 TL geriebene Zitronen - und Orangenschale
Mark einer halben Vanilleschote
Puderzucker

NO. 19

SALZBURGER NOCKERLN

Eine ovale feuerfeste Form ausbuttern und mit wenig Vanillezucker bestreuen. Eiweiß mit restlichem Salz und Vanillezucker steif schlagen. Ofen auf 220° C vorheizen. Jetzt alle restlichen Zutaten unter den Eischnee heben. 4 Nockerln aus dem Teig formen und in die ausgebutterte Form geben. Für ca. 12 Minuten in den vorgeheizten Ofen schieben. Zum Anrichten die Nockerln mit Puderzucker bestäuben. Dazu passen marinierte Beerenfrüchte, Preisselbeeren und Eis.

S
Restaurant Sansibar

8 Eiweiß
100 g Vanillezucker
1 Prise Salz
4 Eigelbe
10 g Mehl
10 g Mondamin
1/2 geriebene Zitronenschale
Butter zum Ausstreichen der Backform
Puderzucker

NO. 20

G R I E S S F L A M M E R I E

Milch zum Kochen bringen, mit einer Prise Salz würzen und den Grieß locker einrieseln lassen. Unter Rühren wieder aufkochen, etwa 4 Minuten durchkochen lassen. Wenn die Masse nur noch lauwarm ist, die vorher in kaltes Wasser eingeweichte Gelatine unterrühren, bis sie sich vollständig aufgelöst hat. Nach dem Abkühlen die restlichen Zutaten vorsichtig unterrühren. Förmchen mit Butter ausstreichen, mit der Grießmasse füllen und im Kühlschrank völlig abkühlen lassen. Zum Anrichten Förmchen kurz in heißes Wasser tauchen und auf Teller stürzen. Dazu paßt Rote Grütze oder eine Fruchtsauce.

S

Restaurant Sansibar

0,25 L Milch

1 Prise Salz

2 Blatt Gelatine

1/2 abgeriebene Orangen- und Zitronenschale

1 Vanilleschote

0,25 L geschlagene Sahne

0,1 L Grand Marnier

50 g Zucker

50 g Grieß

Butter zum Einfetten der Förmchen

ZWEI SCHWABEN EROBERN SYLT

NEUES VOM RANTUMER STRAND

Zuerst suchte Herbert Seckler für sein »Sansibar«, einst ein Geheimtip, Weine, die nicht jeder hatte. So stieß er zwangsläufig auf den Winzer Robert Bauer aus Flein. Bauer, ein kantiger Schwabenkopf, gilt auch als der Rebell unter den Winzern. Denn er produziert vor allem große Qualitäten in kleinen Mengen. Seine Reben sind teils über 40 Jahre alt, er schneidet sie stärker zurück und erzielt dadurch auch geringe Mengen, gemessen an der Ausbeute seiner Winzerkollegen. Jahrelang war Secklers Sansibar das einzige Lokal im Norden, das Bauer-Weine führte. Das hat ihm Robert Bauer nicht vergessen. Heute produziert Bauer exklusive Abfüllungen wie einen spritzigen Pro Secco nur für Herbert Secklers Restaurant.

Herberts Fernziel: Übers Meer schauen und schwäbisch schwätzen

Auf dem Weg zu den »Sansibar« Toiletten stehen viele Riesenflaschen Lehmberger, Fassungsvermögen fünf Liter, die in Flein extra für Secklers berühmte Partys abgefüllt wurden.

Die beiden Schwaben Bauer und Seckler hecken fast für jede Saison irgendeine Verrücktheit aus, die nur allein für die Sansibar-Gäste bestimmt ist. Der Pro Secco erhielt sogar ein Etikett: »Darf nur im Sansibar getrunken werden« Seit Jahren produziert Robert Bauer auch hervorragende Essige – erste Tester waren die Köche im Sansibar. Inzwischen hat die Essigproduktion das Weingeschäft überflügelt. Bauer gilt als einer der Experten fürs Essigmachen, das er als sachliches Handwerk

Spitzenwein aus Flein – Robert Bauers Riesling

betrachtet. »Beim Wein bin ich gefordert, beim Essig werde ich kaum gebraucht!« Dafür umso mehr von seinen Winzerkollegen. Für viele Winzer stellt er inzwischen Essig aus deren Weinen her. Herbert Seckler war einer der ersten, der den Bauerschen Essig auch in seinem Lokal zum Mitnehmen anbot – anfangs sogar, um seinen schwäbischen Freund zu unterstützen, zum Selbstkostenpreis.

Mag sein, daß die beiden Schwaben etwas Besonderes haben. Von Seckler behaupten seine Gastrokollegen, er sei ein Genie im Umgang mit seinen Gästen. Das scheint sich nicht nur auf seine Gäste zu beschränken. Er behandelt auch sein Personal gut. Gelegentlich sind sogar kleine Geschenke fällig, und nicht nur für den Service und die Köche. Er kümmert sich auch um die »niederen« Chargen, seine schwarzen Spüler aus Ghana. Da staunten die Sylter, als Herbert mit Frau Helga nach Ghana aufbrach. »Vierzehn Tage haben wir keine Weißen gesehen,« berichtet Herbert, »jeden Abend in einem anderen Kral am Lagerfeuer gesessen!« Die beiden wurden von einem Stamm der Aschantis zum nächsten weitergereicht. Während dieser Zeit dürfte Seckler auf seine Hobbies verzichtet haben: feine Zigarren und guter Rotwein.

So träumt er von seinem Lebensabend: Am Strand sitzend, Strandkörbe vermieten, links einen Humidor-Schrank für seine Lieblingszigarren Cohiba-Havanna und rechts den Klimaschrank für die schweren Rotweine, in der Mitte noch Platz für seine Freunde wie Jörg Müller und Robert Bauer. Dann möchte er nur noch übers Meers schauen und schwäbisch schwätze....

RESTAURANT

DIRK LÄSSIG

NEUE KÖCHE BRAUCHT DIE INSEL – EIN NEWCOMER KOCHT SICH MIT GROSSEM EINSATZ UND VIEL ENGAGEMENT NACH OBEN

Muschelsäckchen · Rezept Seite 73

Dirk Lässig mit seinem Katamaran

GANZ LÄSSIG ZUM ERFOLG

EIN JUNGER KOCH UND SEIN ERSTER STERN

EINE KARRIERE OHNE BEISPIEL: DIRK LÄSSIG WUSSTE SCHON ALS ZWÖLFJÄHRIGER, DASS ES FÜR IHN NUR EINEN BERUF GAB: KOCH.

Bei Ulrich Hinkfuss wurde das Thema »Lehrjahre sind keine Herrenjahre« abgehakt, wobei Lässig von diesem großen Koch zwei Dinge mitgenommen hat. Einmal viel Wissen um die Grundprodukte und eine große Liebe zum Beruf, was nicht immer ganz nachzuvollziehen ist. Denn ein 12-Stunden-Arbeitstag in der Saison ist nicht für jeden erstrebenswert. Doch Dirk Lässig gönnte sich einen ganz besonderen Härtetest: die Marineversorgungsküche List. Dann kam aber Glanz in die Karriere. Nach dem »Colombi« in Freiburg der Sprung in den kulinarischen Olymp zu Paul Haeberlin. Dort beeindruckte ihn nicht nur die Menge von Scampi, die er jeden Morgen zu schälen hatte, sondern die ideenreiche Küche des Elsässers. Während die Eltern schon sehnsüchtig darauf warteten, daß der Filius endlich die Küche im Strandhörn zu Ruhm und Ehr' führte, machte Dirk Lässig noch einen Abstecher zu Hans Haas ins »Tantris« nach München. Aus dem Abstecher wurde eine intensive Lernzeit, denn »die Küche von Haas bot mir so unglaublich viele Anregungen«. Dann war es endlich soweit – Lässig eröffnete nach umfangreichen Umbauten sein Restaurant im elterlichen Hotel. Zur Eröffnung kamen seine Lehrherren, alle mannigfaltig mit Sternen versehen. Aber ein Stern blieb auf der Insel – jüngst konnte Lässig selbst die Auszeichnung für sich verbuchen.

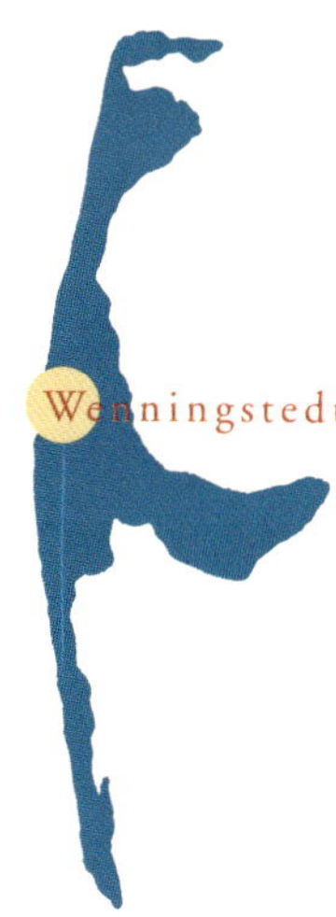

Doch diese ganze Sterne-Kocherei hat aus dem jungen Koch keinen eiskalten Aufsteiger gemacht, sondern einen fröhlichen Sylter, der bescheiden geblieben ist. Und wenn er mit seinem Katamaran durchs Lister Watt düst, dann beobachtet er die Fischer und ist immer wieder bestürzt, wie wenig da heute noch gefangen wird. Dabei verwendet er so gerne frischen Nordseefisch für seine Gerichte.

Verlorenes Landei mit Trüffel

NO. 1

VERLORENES LANDEI MIT TRÜFFEL

Spinat gründlich mehrmals waschen. In Salzwasser pochieren, kalt abschrecken und das Wasser ausdrücken. Sahne und Crème fraîche aufkochen, etwas reduzieren lassen und salzen. Den Spinat im Mixer nur kurz anmixen, so daß kein Brei entsteht. Die Spinatmasse zur Sahne-Crème-fraîche-Mischung geben und noch etwas einkochen. Mit Salz nachwürzen. *Für das Püree* Kartoffeln schälen, waschen und in schwach gesalzenem Wasser weichkochen. Wasser abgießen, Kartoffeln pürieren. Butter und Milch erhitzen, die gestampften Kartoffeln nach und nach unterrühren, so daß ein cremiges Püree entsteht. Mit Salz, Butter und einigen Tropfen Trüffelöl abschmecken. Es sollte nur ein schwaches Trüffelaroma zu schmecken sein. *Für die Eier* Salzwasser mit Essig in einem Topf aufkochen. Hitze runterschalten und die Eier aufschlagen, mit der Suppenkelle vorsichtig in das Essigwasser gleiten lassen. Je nach Eigröße höchstens jedoch 2 Minuten pochieren. Kartoffelpüree mit Spinat auf Tellern anrichten, jeweils ein Ei auf den Spinat setzen. Frische Trüffel drüberhobeln.

4 grünschalige Landeier
ersatzweise normale Hühnereier
Essig zum Pochieren
1 kg Spinat
2 El Crème fraîche
0,1 L Sahne
1 kleine Trüffel
Salz
600 g mehligkochende Kartoffeln
30 g Butter
0,1 L Milch
Trüffelöl

L
Restaurant Dirk Lässig

NO. 2

LAUWARMER BOHNENSALAT MIT GEBRATENER WACHTEL

Wachteln waschen, trockentupfen, salzen und in einer Pfanne mit Butter von allen Seiten gut anbraten. Immer wieder in der Pfanne wenden, damit auch alle Teile gebraten werden. Brüstchen auslösen, Keulen abtrennen und warmstellen. Bohnen in Salzwasser kurz blanchieren und in Eiswasser abschrecken. Gut abtropfen lassen *Für die Vinaigrette* die Zutaten miteinander vermengen, mit dem Mixer oder Schneebesen aufschlagen. Bohnen in einen Topf geben, Vinaigrette zugeben und anschwenken. Zum Anrichten Bohnen mikadoartig auf die Teller geben. An den Tellerrand Wachtelbrüstchen und Keulen legen.

4 Wachteln
Butter zum Braten
250 g Keniabohnen
Für die Vinaigrette:
3 EL gutes Olivenöl
2 EL Champagneressig
2 EL Hühnerfond (s. S. 108)
2 EL Sahne
2 TL Senf
1/2 TL engl. Senfpulver
Salz, Zucker, Pfeffer

L
Restaurant Dirk Lässig

NO. 3

GRÜNE ERBSENSCHAUMSUPPE MIT HUMMERMEDAILLONS

Zwiebel in Ringe schneiden, mit Butter anschwitzen. Mit Hühnerfond und Sahne anschwitzen. Erbsen zugeben und ca. 5 Minuten köcheln lassen. Mit dem Mixstab gründlich pürieren, durch ein Sieb streichen und mit Salz und Pfeffer abschmecken. Warmstellen. Hummerschwänze aus dem Panzer lösen und den Darm entfernen. Zum Anrichten den Hummerschwanz in Scheiben schneiden und in tiefe Teller geben. Mit der Suppe auffüllen und mit Kerbelblättchen garnieren.

250 g frische Erbsen
0,5 L Hühnerfond (s. S. 108)
0,2 L Sahne
1 Zwiebel
Butter zum Anschwitzen
2 gekochte Hummerschwänze
Salz, Pfeffer
Kerbelblättchen

L
Restaurant Dirk Lässig

Harmonisches »Strandhörn«-Trio: stolze Eltern Lässig mit Sohn Dirk

NO. 4

TOMATENCONSOMMEE MIT ZIEGENKÄSERAVIOLI

Die Tomaten waschen und in Stücke schneiden. Mit dem Kalbsfond, Kräutern und Lorbeerblatt zum Kochen bringen. Kochen lassen bis sich der Fond rötlich färbt und sich die Menge um ein Drittel verringert hat. Durch ein Sieb geben, dann durch ein Tuch seihen bis eine klare Tomatenconsommee entstanden ist.
Für die Ravioli Teig herstellen siehe Seite 80. Dünn ausrollen und acht Kreise von 8 cm Durchmesser ausstechen.
Für die Füllung Ziegenfrischkäse mit den gehackten Kräutern, Knoblauchzehe, Salz und Pfeffer gut vermischen. Jeweils einen guten TL Füllung auf jeden Kreis geben. Die Teigränder mit Eiweiß bestreichen und zu Halbmonden zusammenklappen. Die Ränder einzeln nochmal fest zusammendrücken. Die Ravioli in siedendem Salzwasser garen bis sie zur Wasseroberfläche aufsteigen. Herausnehmen. Zum Anrichten jeweils zwei Ravioli in tiefe Teller geben. Cocktailtomaten in heißem Wasser enthäuten und dazugeben. Mit der Tomatenconsommee auffüllen und mit Basilikumblättern dekorieren.

1 Kalbsfond (s. S. 108)
1 kg reife aromatische Tomaten
Thymian, Oregano
Salz, Pfeffer
1 Lorbeerblatt
Ravioliteig aus 100 g Mehl
1 Ei
Salz
Für die Füllung:
100 g Ziegenfrischkäse
Kräuter aus dem Garten wie
Schnittlauch, Kerbel
1 gehackte kleine Knoblauchzehe
1 Eiweiß
8 reife kleine Cocktailtomaten
Basilikumblätter

L
Restaurant Dirk Lässig

NO. 5

MUSCHELSÄCKCHEN

Miesmuscheln mit ein wenig Salzwasser 5 Minuten dämpfen, bis sich alle Schalen geöffnet haben. Geschlossene Exemplare sofort wegwerfen. Das Muschelfleisch aus den Schalen auslösen. Mit den übrigen Zutaten kleinhacken, gut vermengen und in 4 Portionen aufteilen. Salzen und pfeffern. Soviel Masse auf ein Teigblatt geben, daß sich daraus ein Teigsäckchen formen läßt. Die Teigränder mit Eiweiß bepinseln und fest zusammendrehen. In reichlich Öl goldbraun fritieren. *Für die Sauce* Sahne, Fischfond und Curry aufkochen. Etwas reduzieren lassen. Fruchtwürfel vorsichtig unterheben und etwas ziehen lassen. Dadurch dickt die Sauce an. Zum Anrichten auf Teller verteilen, die Muschelsäckchen draufsetzen und mit Kerbelblättchen garnieren.
Tip: Sollte noch Muschelmasse übrigbleiben, kann sie in ausgewaschene Muschelschalen gefüllt, mit Semmelbröseln bestreut und im Grill kurz überbacken werden.

L
Restaurant Dirk Lässig

4 Blätter Frühlingsrollenteig
20 x 20 cm
500 g entsandete Nordseemuscheln
10 entkernte Oliven
2 El Zucchiniwürfel
2 El rote Paprikawürfel
2 El grüne Paprikawürfel
1 El gehackter Kerbel
1 El gehackter Dill
frisch geriebenes Paniermehl
1 Eiweiß
Öl zum Fritieren
Salz, Pfeffer
Für die Sauce:
0,1 L Fischfond (s. S. 108)
0,1 L Sahne
20 g Butter
3 EL Bananenscheiben
2 EL Apfelwürfel
2 TL Curry
Salz, Pfeffer

NO. 6

PELLKARTOFFELN MIT IRANISCHEM KAVIAR

Die Kartoffeln kochen, pellen und vorsichtig aushöhlen. Crème fraîche in die Aushöhlung füllen. Drei Kartoffeln auf einen Teller setzen. Zwischen die Kartoffeln jeweils einen Löffel Kaviar geben. Mit Kerbel garnieren. Dirk Lässig reicht dazu fein angemachte Blattsalate.

L
Restaurant Dirk Lässig

12 Kartoffeln à 75 g
1 TL Crème fraîche
8 EL iranischen Kaviar
Kerbelblättchen

NO. 7

MARINIERTE NORDSEEKRABBEN MIT REIBEKÜCHLEIN

Die Gemüsewürfel mit dem Fond im Topf gardünsten. Mit einer Vinaigrette aus Essig, Öl, Salz, Pfeffer und Zucker vermischen. Kartoffeln schälen und mit einer groben Reibe raffeln. Den Kartoffelteig mit einem Eigelb, Salz und Pfeffer vermischen und Fünfmarkstückgroße Plätzchen formen. In Öl heiß ausbacken. Zum Anrichten je drei Nocken (oder 1 EL voll) Krabben und je zwei Reibekuchlein dazwischen auf einen Teller setzen. Dirk Lässig serviert dazu gern Blattsalate.

L

Restaurant Dirk Lässig

300 g gepulte Nordseekrabben
je 4 EL kleingehackte Karotte, Sellerie, Lauch
3 EL gutes Olivenöl
3 EL Essig
3 EL Hühnerfond (s. S. 108)
1 Bund gehackte Petersilie
Salz, Pfeffer, Zucker
250 g mehligkochende Kartoffeln
1 Eigelb
Öl zum Braten

NO. 8

MARINIERTER TAFELSPITZ MIT GEMÜSEVINAIGRETTE

Für das Fleisch: Lauch, Karotte, Sellerie waschen, putzen und in grobe Stücke schneiden. Alles zusammen mit dem Fleisch in fünf Liter Wasser so lange kochen, bis der Talefspitz gar ist. Dabei immer wieder abschäumen. Rausnehmen und abkühlen lassen.
Für die Marinade: alle Zutaten zu einer Vinaigrette verrühren. Tafelspitz in dünne Scheiben schneiden und mit der Marinade bedecken. 24 Stunden ziehen lassen. Dann mit Salz und Essig nochmal abschmecken. Zum Anrichten: Tafelspitzscheiben, Blattsalate und gekochtes Wurzelgemüse auf Teller geben. Mit Marinade übergießen, Schnittlauchringe drüberstreuen.

Tip: der Gabeltest von Dirk Lässig – wenn man eine Gabel noch nicht ganz im Fleisch drehen kann, ist es weich und gar, aber gut zu schneiden.

L

Restaurant Dirk Lässig

Für den Tafelspitz:
2 kg mageren Tafelspitz
1 Karotte
1 Lauchstange
1 Sellerie
2 Zwiebeln
1 Lorbeerblatt
Salz, Pfeffer
Für die Marinade:
0,16 L Rinderfond (s. S 108)
4 TL Balsamessig
4 EL Champagneressig
4 TL milden Sherryessig
0,14 L Pflanzenöl
8 EL Walnußöl
4 EL Traubenkernöl
4 TL Salz
4 TL Zucker
4 TL geriebener Meerrettich
4 TL Senf
4 TL Schnittlauchringe

NO. 9

KROSS GEBRATENER KABELJAU AUF LINSENGEMÜSE UND PÜREE

Den Fisch waschen und trockentupfen. In der Pfanne mit Butter solange braten, bis sich die Fischhaut leicht lösen läßt. Für das Linsengemüse alle drei Sorten getrennt in Salzwasser bißfest kochen, jeweils einen Spritzer Essig zugeben. Die Sorten nicht mischen, da sie unterschiedliche Garzeiten haben. Gewürfelte Gemüse in Butter anschwitzen. Fond zugießen und gardünsten. Gekochte Linsen zugeben und mit Essig, Salz und Pfeffer abschmecken. 50 g Butter zugeben und das Linsengemüse noch etwas ziehen lassen. Frische gehackte Gartenkräuter unterrühren. *Für das Püree* wie im Rezept »Lachs und Jakobsmuscheln« auf Seite 77 verfahren. Zum Anrichten Linsengemüse auf Teller geben, Fischstücke draufsetzen. Mit dem Olivenkartoffelpüree und Basilikumblättern servieren.

L

Restaurant Dirk Lässig

4 Koteletts vom Kabeljaufilet mit Haut

Butter zum Braten

Für das Linsengemüse:

je 50 g rote, grüne, braune Linsen

2 gehackte Schalotten

0,1 L Kalbsfond (s. S. 108)

je 50 g gehackte Karotte, Lauch, Sellerie

50 g Butter

3 Spritzer Essig

4 EL gehackte Gartenkräuter

Für das Olivenkartoffelpüree:

600 g mehligkochende Kartoffeln

0,1 L Milch

20 g Butter

100 g schwarze Oliven

Olivenöl extra vergine

Basilikumblätter

NO. 10

HEILBUTT GEBRATEN AUF RAHMSPINAT MIT KARTOFFEL-MILLE-FEUILLE

Für den Spinat genau wie im Rezept Verlorenes Landei Seite 71 verfahren. Jedoch die reduzierte Sahne mit Kartoffelstärke binden. Mit Knoblauch, Salz, Pfeffer und Muskat würzen. Den kurz pürierten Spinat unterheben. Für die Kartoffel-Mille-Feuille aus den Kartoffeln 36 dünne Scheiben schneiden - wie für Kartoffelchips. Die mehligen Kartoffeln zu einem Püree verarbeiten. Kartoffelscheiben waschen, trockentupfen und goldgelb fritieren. Auf Küchenkrepp abtropfen lassen und salzen. Kartoffelpüree in einen Spritzbeutel füllen und sorgfältig verteilen: 1 Scheibe Kartoffelchip, darauf eine Lage Püree, wieder ein Chip wieder Püree und zum Abschluß wieder einen Chip. Heilbutt in vier Portionen aufteilen und in heißem Öl anbraten. Öl abgießen, salzen, in Butter ca. 6 Minuten braten. Zum Anrichten die Fischstücke mit dem Spinat auf Teller geben. Je 3 Kartoffel-Mille-Feuille auf jeden Teller setzen.

600 g Heilbutt

Öl und Butter zum Braten

700 g Spinat

0,1 L Sahne

1 TL Kartoffelstärke

1/2 Knoblauchzehe

Salz, Pfeffer, Muskat

36 dünne Kartoffelscheiben aus vier großen Kartoffeln

250 g mehlige Kartoffeln

30 g Butter

0,1 L Milch

Öl zum Fritieren

L

Restaurant Dirk Lässig

NO. 11

LACHS UND JAKOBSMUSCHELN AUF GEBRATENEM FENCHEL

Lachsfilet in vier Portionen schneiden. In Öl anbraten, ebenso die ausgelösten Jakobsmuscheln.Öl wegschütten, Fisch und Muscheln in Butter schwenken und salzen. Jakobsmuscheln nur kurz braten. Von den Fenchelknollen die oberen Grünteile abschneiden, ein oder zwei äußere Blätter entfernen. Die Knolle halbieren und in dünne Scheiben schneiden. In Mehl wenden, salzen und in Öl braten. *Für die Sauce* Rucola waschen, trockentupfen und sehr kleinschneiden. Tip: Dirk Lässig fritiert den Rucola kurz- gibt einen sehr aromatischen Geschmack. Fischvelouté erhitzen, Rucola zugegeben und im Mixer zu einer grünen Sauce aufmixen. Mit Salz und Pfeffer abschmecken. *Für das Püree* Kartoffeln schälen und weichkochen. Wasser abgießen und Kartoffeln pürieren. Butter und Milch unterrühren, mit Salz abschmecken. Oliven grobhacken und mit dem sehr guten Olivenöl geschmeidig rühren. Mit einigen Basilikumblättern garnieren. Zum Anrichten einen Saucenspiegel auf die Teller gießen, darauf Fisch und Muscheln setzen. Mit Fenchelscheiben umlegen und mit Püree servieren.

600 g Lachsfilet
8 Jakobsmuscheln
2 Fenchelknollen
Mehl zum Bestäuben
Öl und Butter zum Braten

Für die Sauce:

40 g Rucola
0,25 L Fischvelouté
Salz, Pfeffer

Für das Kartoffelpüree:

600 g mehligkochende Kartoffeln
0,1 L Milch
100 g schwarze Oliven
Olivenöl extra vergine
20 g Butter
Basilikumblätter, Salz

L

Restaurant Dirk Lässig

NO. 12

KALBSTAFELSPITZ AUF SCHNITTLAUCHRAHM

Den Kalbstafelspitz genauso zubereiten wie den Rindertafelspitz, siehe Seite 74. Den Kalbsfond kräftig einreduzieren. 0,3 L für das Erbspüree zurückstellen. Den Fond auf ca. 0,7 L einkochen. Mit Butter zu einer geschmeidigen Sauce aufmontieren. Eventuell mit einem Tl Kartoffelstärke binden. Nochmals durchkochen. Durch ein Sieb passieren. Schnittlauch in Röllchen schneiden und einstreuen. *Für das Erbspüree* Zwiebelwürfel in Butter anschwitzen. Die Erbsen zugeben und in dem zurückgestellten Fond köcheln lassen. Mit Salz abschmecken, eventuell eine Prise Zucker zugeben. Sobald die Erbsen weich sind, mit einem Mixer pürieren und durch ein Sieb streichen. Zum Anrichten den Kalbstafelspitz dünn aufschneiden, auf Teller legen, mit Sauce und Erbspüree servieren.

L

Restaurant Dirk Lässig

1,6 kg Tafelspitz vom Kalb
2 Lauchstangen
3 Karotten
4 Stangen Staudensellerie
2 Lorbeerblätter
Salz
Pfeffer

Für die Sauce:

Kalbsfond vom Tafelspitz
50 g Butter
2 Bund Schnittlauch
1 Tl Kartoffelstärke

Für das Erbspüree:

500 g frische Erbsen
1 gewürfelte Zwiebel
0,3 L Kalbsfond
50 g Butter

NO. 13

STEINBUTT MIT SYLTER MIESMUSCHELN

Steinbuttfilets vierteln. Mit Zitrone säuern, salzen und pfeffern. Filets in Öl von beiden Seiten anbraten. Bratöl abgießen, Butter zugeben und Filets darin schwenken. Muscheln über kochendem Wasser dämpfen. Nicht geöffnete Muscheln wegwerfen. Olivenöl erhitzen und Semmelbrösel einrühren. Vom Herd nehmen, salzen und pfeffern. Tomatenwürfel und gehackte Basilikumblätter unter die Brösel mischen. Bröselmasse in die Muschelschalen füllen. Die Muscheln mit Parmesan bestreuen und unter dem Grill gratinieren. Für den Rucolaschaum gehackte Schalotten mit 50 Gr Butter andünsten. Wein, Fond und Sahne zugiessen und um die Hälfte reduzieren. Dann kleingehackten Rucola zugeben. Mit dem Mixer kräftig aufmixen. Mit Salz, Pfeffer und Limonensaft abschmecken. Durch ein Sieb geben. Kurz vor dem Servieren den Rest der Butter unterschlagen, Milch zugeben und mit dem Mixer aufschäumen. Zum Anrichten die Steinbuttfilets auf Teller geben und den Rucolaschaum angießen. Dazu paßt Baguette.

Für den Fisch:

400 g Steinbuttfilet
30 g Butter
Zitronensaft
Öl, Salz, Pfeffer

Für die Muscheln:

1 kg entsandete Miesmuscheln
3 EL Olivenöl
1 EL Semmelbrösel
1 gewürfelte Tomate
1 Bund Basilikum
1 EL geriebener Parmesan
Salz, Pfeffer

Für den Rucolaschaum:

30 g Rucolablätter
3 Schalotten
0,125 L Fischfond (s.S.108)
70 g Butter
0,1 L Sahne
4 EL Weißwein
4 EL Milch
1 TL Kartoffelstärke
Limonensaft
Salz, Pfeffer

Restaurant Dirk Lässig

NO. 14

LAMMRÜCKEN MIT CHERRY-TOMATEN UND POLENTA

Für das Fleisch Lammcarré mit Rosmarin, Thymian, Salz und Pfeffer würzen. In einer Saftpfanne mit Öl anbraten und dann im Ofen bei 200° C 35 Minuten weiterbraten lassen. Im ausgeschalteten Ofen warmstellen – darf aber nicht weiter braten. *Für die Cherry-Tomaten* möglichst reife Früchte aussuchen, denn sie sind aromatischer. Tomaten häuten - kurz in heißes Wasser tauchen, die Haut abziehen – und auf ein Backblech legen. Mit Olivenöl begießen, damit sie nicht anbrennen. Thymianzweige und gepellte Knoblauchzehen zugeben. Mit Salz und Pfeffer würzen. Tomaten 1 Stunde im vorgeheizten Ofen bei 80° C garen. *Für die Polenta* Schalotten in 10 g Butter anschwitzen, Fond zugießen und aufkochen. Durchs Sieb geben und den Maisgrieß einrieseln lassen, 20 g Butter zugeben und gut durchrühren, bis eine homogene Masse entsteht. Mit Salz abschmecken. Für die Kräuterbutter die weiche, aber nicht flüssige Butter mit den sehr feingehackten Kräutern und Knoblauchzehen gut vermischen. Alles durch ein Sieb streichen, mit Salz und Pfeffer abschmecken. Butter in vier Portionen aufteilen und im Kühlschrank abkühlen. Zum Anrichten Lammfleisch aus dem Ofen nehmen, vom Knochen lösen, portionieren und auf Teller verteilen. Mit Cherry-Tomaten, Polenta und Kräuterbutter servieren.

1,2 kg Lammcarré
2 Zweige Rosmarin
2 Zweige Thymian
Öl zum Anbraten

Für die Kräuterbutter:

40 g Butter
2 EL gehackter Schnittlauch, Kerbel, Estragon,
2 Knoblauchzehen
Salz, Pfeffer

Für die Tomaten:

800 g Cherry-Tomaten
4 Knoblauchzehen
2 Thymianzweige
Salz, Pfeffer,
Olivenöl

Für die Polenta:

125 g Maisgries
2 gewürfelte Schalotten
0,4 L Hühnerfond (s. S. 108)
1 TL getrockneter Thymian
30 g Butter

Restaurant Dirk Lässig

NO. 15

ENTE GEBRATEN MIT APFELROTKRAUT UND SCHUPFNUDELN

Für den Rotkohl die äußeren Blätter entfernen, den Kopf halbieren und in Streifen schneiden. Kohl in einem ausreichend großen Topf mit Wein und Gewürzen 24 Stunden zugedeckt marinieren. Zwiebeln in Butter anschwitzen, dann das Kraut mit anschwitzen. Marinade und Fond zugeben, mit Salz und Pfeffer würzen. Kraut 1 1/2 Stunden köcheln, bis es weich ist. Dann im Durchschlag abtropfen und den Fond auffangen. Mit Preiselbeeren den Fond reduzieren bis er kräftig schmeckt. Eventuell noch mit Salz, Pfeffer und Butter abschmecken. Apfel schälen, in Spalten schneiden und mit dem Rotkraut in den Fond geben. Die küchenfertigen Enten waschen, gut trockentupfen, von innen und außen gut salzen. Mit Küchengarn Keulen und Flügel zusammenbinden, um das Tranchieren nach dem Braten zu erleichtern. Enten auf den Backofenrost mit der Brustseite nach unten legen. Eine Bräterform darunter stellen, um das abtropfende Fett aufzufangen. Je nach Backofen und Größe der Enten werden etwa 1–1 1/2 Stunden Bratzeit benötigt. Zwischendurch die Enten immer wieder mit der Gabel anstechen, damit das Fett austreten kann und die Haut besonders knusprig wird. *Für die Schupfnudeln* Kartoffeln schälen, waschen und weichkochen. Wasser abgießen und die Kartoffeln gut zerstampfen. Mit Ei und Mehl zu einem Teig verarbeiten. Mit Salz und Muskat kräftig abschmecken. Aus dem nicht zu weichen Teig mit nassen Händen fingerdicke 6 cm lange Nudeln formen und in den Bröseln wenden. In der Pfanne mit Butter goldgelb braten. Zum Anrichten die Enten tranchieren. Auf jeden Teller eine halbe Ente legen, dazu Apfelrotkraut und Schupfnudeln. Lässig serviert dazu eine Sauce aus entfettetem Entenfond, Rotwein, Essigspritzer und Butter aufschlagen.

L

Restaurant Dirk Lässig

2 Enten á 1,5 kg–1,8 kg

Für den Kohl:

750 g frischer Rotkohl

0,5 L kräftiger Rotwein

6 Wacholderbeeren

6 Nelken

2 Lorbeerblätter

2 gewürfelte Zwiebeln

40 g Butter

0,1 L Hühnerfond (s. S.108)

1 El Preiselbeerkonfitüre

1 Apfel

Für die Schupfnudeln:

200 g mehligkochende Kartoffeln

1 Ei

100 g Mehl

Frisch geriebene Semmelbrösel

40 g Butter zum Braten

Salz, Muskat

Im Lister Watt wächst die Sylter Royal Auster heran. In diesen Metallboxen werden die Austern gereinigt und sortiert, bis sie die richtige Größe erreicht haben. Über eine Million Austern werden pro Jahr verkauft.

NO. 16

GESCHMORTE KALBSHAXE MIT GÄNSELEBERRAVIOLI

Fleisch salzen, pfeffern und im Bräter von allen Seiten anbraten. Gemüse waschen, putzen und grob würfeln. Zum Fleisch geben und anschmoren. Mit Rotwein und Kalbsfond ablöschen. Kräuter zufügen. Fleisch im Bräter im vorgeheizten Ofen bei 200° C zwei Stunden schmoren. Dann das Fleisch vom Knochen lösen und warm stellen. Bratenfond durch ein Sieb geben und einkochen lassen. Zur besseren Bindung Kartoffelstärke zugeben und abschmecken.
Für die Ravioli: Gänsestopfleber kleinschneiden. Toastscheiben entrinden und würfeln. In einer beschichteten Pfanne ohne Fett anbräunen. Abkühlen und mit Leber, Portwein, Salz, Pfeffer und Pastetengewürz mit der Gabel verkneten. Geschälte Kartoffeln kochen, stampfen und mit Mehl vermengen. Mit Salz abschmecken, kneten und soviel Wasser zufügen, bis ein geschmeidiger Teig entsteht. Auf einer bemehlten Fläche dünn ausrollen. Mit einem Ausstecher oder einem umgestülpten Glas runde Kreise ausstechen. Die Ränder mit Eiweiß bestreichen. Einen EL Gänseleberfüllung auf die Hälfte des Kreises geben, die andere drüber klappen. Ränder fest zusammendrücken. Ravioli in heissem Öl goldbraun fritieren. Schwarzwurzeln schälen, sofort in Wasser legen und mit Zitrone beträufeln, damit das Gemüse nicht braun wird. Schwarzwurzeln rautenförmig schneiden. Butter in eimen Topf schmelzen, mit Wasser ablöschen und die Wurzeln darin garziehen lassen. Abtropfen lassen und in die erhitzte Velouté geben. Zum Anrichten Fleisch auf die Teller geben und Sauce drübergießen. Ravioli und Schwarzwurzeln mit der Velouté dazugeben.

L

Restaurant Dirk Lässig

Für das Fleisch:

1 kg Kalbshaxe
Öl zum Braten
1 Lauchstange
2 Karotten
2 Zwiebeln
0,75 L Rotwein
1 L Kalbsfond (s. S. 108)
1 Knoblauchzehe
1 Lorbeerblatt
Salz, Pfeffer
4 Wacholderbeeren
1 Rosmarinzweig
1 EL Kartoffelstärke

Für die Ravioli:

180 g Gänsestopfleber
3 Toastscheiben
1/2 Pastetengewürz
1 EL Portwein
200 g Kartoffeln
400 g Mehl
1 Eiweiß
Öl zum Fritieren

Für das Gemüse:

600 g Schwarzwurzeln
0,4 L Velouté (s. S. 108)
20 g Butter
Zitronensaft
Salz, Pfeffer

NO. 17

OCHSENSCHWANZ IM SPITZKOHLBLATT

Vier möglichst gleichgroße Portionen aus dem vorderen Teil des Schwanzstücks aussuchen. Mit Mehl bestäuben und in der Pfanne anrösten und salzen. Zwiebel zugeben, Tomatenmark unterrühren und mit Wasser auffüllen. Mit Lorbeerblatt und Thymian würzen. Solange köcheln lassen bis der Ochsenschwanz fast weich ist. Jetzt den Rotwein angießen und weiterschmoren, bis sich das Fleisch vom Knochen lösen läßt. Das kann bis zu vier Stunden dauern. Dann das Fleisch herausnehmen und den Sud durch ein Sieb passieren und vorsichtig den Knochen auslösen. Für die Füllung Milch aufkochen. Toastscheibe in eine Schüssel legen und die Milch drübergießen. Die zweite Scheibe kleinwürfeln und in der Pfanne mit Butter und Zwiebel anrösten. In die Schüssel geben, dazu die feingehackte Petersilie und die dritte Toastscheibe geben. Alles gut durchkneten und ein Ei untermengen. Mit Salz und Pfeffer abschmecken.

Die Hälfte des Teigs für Semmelknödeln als Beilage beiseite legen. Mit dem Rest die Ochsenschwanzstücke füllen und mit den Kohlblättern umwickeln. Mit Schlachtergarn zu kleinen Päckchen verschnüren. In eine Form setzen, mit dem Sud übergießen und im vorgeheizten Ofen bei 220° C ca. 30 Minuten zu Ende schmoren. Eventuell Rotwein nachgießen. Tip: Ist die Sauce zu flüssig, mit 1/2 TL Weizenstärke und einem EL Butter abbinden. Kleine Semmelknödel aus dem restlichen Teig formen und in siedendem Salzwasser garziehen. Sie sind gar, wenn sie an die Wasseroberfläche steigen. Zum Anrichten das Garn der Kohlpäckchen entfernen, auf Teller setzen und mit Sauce übergießen. Dazu die Semmelknödel reichen.

L

Restaurant Dirk Lässig

4 Ochsenschwanzstücke
1 kleingehackte Zwiebel
1 EL Tomatenmark
1 Lorbeerblatt
Mehl, Salz, Pfeffer
Thymian
12 blanchierte Spitzkohlblätter
0,5 L guter Rotwein

Für die Füllung:
3 Toastscheiben
1 Ei
5 cl Milch
1 kleingehackte Zwiebel
1 Bund feingehackte Petersilie
50 g Butter
Paniermehl nach Bedarf
Salz, Pfeffer

NO. 18

GEBACKENE KIRSCHEN MIT WEINSCHAUMSABAYON

Für den Sabayon Eigelbe mit Zucker im Topf schaumig rühren. Dann Wein und Kirschwasser zugeben. Topf bei mäßiger Hitze ins Wasserbad stellen, die Masse mit dem Schneebesen schaumig schlagen. Sobald der Sabayon genügend Bindung hat, Topf aus dem Wasserbad nehmen. Für den Teig: Mehl, Öl, Zucker und Wein zu einer dickflüssigen Masse verarbeiten. Eiweiß steif schlagen und unter den Teig heben. Für die Kirschen: Früchte mit Stiel waschen und trockentupfen. Kirschen seitlich aufschneiden, der Stiel muß dran bleiben, und den Kern entfernen. Marzipan mit Kirschwasser weichkneten. Kleine Kugeln formen und in die Kirschen stecken. Früchte wieder zusammendrücken.

Ausreichend Öl in einem Topf erhitzen. Kirschen am Stiel mit dem Teig ummanteln und anschliessend ins heiße Öl tauchen. Ausbacken bis sie knusprig braun sind. Auf Küchenkrepp abtropfen lassen. Sabayon kurz im Wasserbad schaumig aufschlagen. Zum Anrichten in tiefe Teller geben, jeweils 6 Kirschen hinein tauchen. Mit Kirschsaft den Sabayon verzieren.

Für den Sabayon:
4 Eigelbe
120 g Zucker
0,2 L Weißwein
2 cl Kirschwasser
eingedickter Kirschsaft

Für den Weinteig:
100 g Mehl
1 EL Zucker
2 EL Olivenöl
0,1 L Weißwein
2 Eiweiß

Für die Kirschen:
50 g Marzipan
24 große Kirschen mit Stiel
1 TL Kirschwasser
Öl zum Ausbacken

L

Restaurant Dirk Lässig

Topfenknödel

NO. 19

TOPFENKNÖDEL

Den Quark in einem Tuch solange auspressen bis er nur noch 400 g wiegt. Puderzucker, Butter und Vanillezucker schaumig schlagen und unter den Quark rühren. Eigelbe, Ei, Orange, Zitrone, Brot zugeben und zu einer geschmeidigen Masse verkneten. Mindestens zwei Stunden ruhen lassen. Kleine Knödel formen und in leicht köchelndem Wasser mit Salz und Zucker ca. 15 Minuten garziehen lassen. Nach dem Garen die Topfenknödel abtropfen lassen.
Zum Anrichten Semmelbrösel mit Butter vermischen und über die Knödel geben, mit Puderzucker bestäuben. Mit frischen Früchten der Saison garnieren.

Restaurant Dirk Lässig

600 g Sahnequark
45 g Puderzucker
45 g Butter
10 g Vanillezucker
(1 Päckchen)
2 Eigelbe
1 Ei
1 ganze geriebene Orangenschale
1 ganze geriebene Zitronenschale
125 g Toastbrot
Wasser, Salz, Zucker
Semmelbrösel
Butter, Puderzucker

NO. 20

MUNSTERKÄSE IM BLÄTTERTEIG

Jeweils eine aufgetaute Teigplatte auf einer bemehlten Fläche dünn ausrollen. Zwei Kreise mit einem Durchmesser von ca. 15 cm ausstechen. Dafür eignet sich ein Gefäß mit scharfem Rand und entsprechendem Durchmesser. Den Lauch waschen, putzen und in dünne Streifen schneiden. In der Pfanne mit Butter andünsten. Den Munsterkäse von der gelben Schale befreien und in acht Portionen schneiden. Kleine Häufchen Lauch auf die Teigplatten geben, Käsehäppchen draufsetzen. Die Ränder der Teigplatten mit Eigelb bepinseln und zusammenklappen, so daß Halbmonde entstehen. Nochmals die Ränder fest zusammendrücken. Die Halbmonde auf ein Backblech setzen und im vorgeheizten Ofen bei 200 °C goldgelb backen.
Tip: Ein wunderbarer Imbiß zum Wein.

150 g sehr junger Munsterkäse
4 Platten Blätterteig
2 Lauchstangen
1 Eigelb
20 g Butter
Mehl zum Ausrollen

Restaurant Dirk Lässig

»IHR AUFTRITT, DIRK LÄSSIG«

EIN FRIESE MACHT FERNSEHEN

Haben Sie ihn auch schon gesehen ? Den Werbespot mit Dirk Lässig? Vor allem eine Werbung für ein kulinarisches Produkt, aber auch für den Koch und ein bißchen für die Insel Sylt. Was so harmonisch das Kochen zeigt, war für Dirk Lässig drei Tage harte Arbeit in einem Hamburger Studio. Angetreten waren 40 Personen – vom Regisseur bis zum Foodstylisten – um ein Stück Werbegeschichte zu produzieren.

Auf dem Set: Dirk Lässig bei den Dreharbeiten in Hamburg

Foto: Gudrun Drews

Flotte Küche im schönen Hotel »Strandhörn«

Foto: Gudrun Drews

Denn ein neues Produkt wird auf dem Markt eingeführt – dafür wird dieser Spot bis zu 900 Mal pro Jahr gesendet. Bis zu 80 Mal am Tag dröhnte das Kommando durch das riesige Studio: »Ruhe bitte, action please, Dolly ab !« Dann begann nicht der »Hello, Dolly!«–Song von Louis Armstrong, sondern ein Kamerawagen rollte auf Schienen Richtung Lässig, der in einer wunderbaren Küche stehend, einem Kochkollegen das Produkt Biskin empfiehlt. Aber sowas gelingt natürlich nicht in einem Schuß, sondern braucht viele, viele Wiederholungen. Denn der Regisseur, ein ausgewiesener Food-Spezialist, möchte den perfekten Film – auch wenn er nur 20 Sekunden dauert. »Das ewige Stehen ist man ja als Koch gewöhnt«, meint Dirk Lässig über seine Arbeit als Fernsehstar, »aber diese dauernde Anspannung, auf Kommando loszulegen, das streßt!« Und immer wieder muß die Maskenbildnerin angefordert werden, um dem Spitzenkoch den Schweiß von der Stirn zu tupfen. Aber insgesamt ist die Crew mit ihm zufrieden, besonders der Regisseur bescheinigt Lässig absolute Profi-Qualitäten.

RESTAURANT

GOGÄRTCHEN

NACHMITTAGS KAFFEE MIT
OMAS BERÜHMTEM APFELKUCHEN –
ABENDS SPITZENKÜCHE FÜR DIE
SCHÖNEN UND DIE REICHEN

Flußkrebse á la Gogärtchen · Rezept Seite 96

LEGENDÄRER PARTYMACHER MIT »GÄRTCHEN«

Spaß muß sein – Rolf Seiche und Küchenchef Raimund Musar

DER TYP IST SCHON EINE MARKE FÜR SICH. UND ZWAR EINE INTERESSANTE. NICHT LIEBEDIENERISCH, SONDERN EHER KANTIG.

Leicht verletzlich, aber nicht nachtragend. Dunkle Sonnenbrille und eine Stimme, für die John Wayne gern seine Rotweinsammlung hergegeben hätte. Hinter der vermeintlich großen Klappe verbirgt sich ein sehr cleverer Gastronom, der nicht umsonst sein Gärtchen mit viel Erfolg und Umsicht zu einer Dauerinstitution auf der Insel gemacht hat. Ein klassischer Wirt, der sich nicht zu schade ist, sofort ein Gespräch zu unterbrechen, um sich persönlich um die Belange seiner Gäste zu kümmern – auch wenn nur ein Aschenbecher am Nachbartisch fehlt. Für seine teils illustren Gäste ist er natürlich der Rolf. Manchmal ist er aber ganz Hausherr Seiche, der betrunkene Blödelbarden persönlich aus dem Laden wirft. Das mindert nicht die gute Laune eines Rolf Seiche, immer wieder dröhnt seine markante ansteckende Lache über die »Whiskystraße«.

Wenn sich auch der Lichterglanz des Jetsets etwas abgeschwächt hat, Rolf Seiche ist der Mann, der die Lichter kräftig putzt und das Image von Sylt gleich mit dazu. Partys organisieren ist sein Ding. »Für meine Partys arbeiten die schönsten Mädchen der Insel,« behauptet Seiche stolz. Mit dabei ist Seiche auch bei der neuesten Superparty »Sylt kocht über« – eine Veranstaltung der Sylter Köche im Zirkuszelt des Meerkabaretts. Seiches Küchenchef Raimund Musar wird das »Gogärtchen« kulinarisch vertreten. Seiches Kampener Kollegen betrachten ihn inzwischen als ihren Seniorchef – haben sie doch fast alle einmal bei ihm gearbeitet. Und typisch Seiche, damit das Kind auch einen Namen hat, gründete er die Kampener »Conferie de la table du roi«. Jedes Mitglied hat ein Schild an der Tür mit vier Sternen, drei Häusern, drei Mützen, vier Gabeln und vier Bechern. Seiche: »Wir haben alle Auszeichnungen der Welt!«, dabei grinst er etwas hinterhältig und prustet natürlich gleich los: »Hahahaa… «

Gratin vom Steinbutt auf Sylter Auster mit Rotweinbutter

NO. 1

GRATIN VOM STEINBUTT AUF SYLTER AUSTER MIT ROTWEINBUTTER

Die Austern öffnen und das Fleisch herauslösen. Die Schalen und das Fleisch abspülen. Acht Austerndeckel oder Schalen in eine Form legen. Die ausgelösten Austern in die Schalen legen. Passende Stücke nicht zu dick aus dem Steinbuttfilet schneiden und auf die Austern legen. Lauch und Pilze waschen, grob kleinschneiden und im Mixer hacken. In einer Pfanne mit Butter die Gemüse anschwitzen, mit Weißwein ablöschen und weichdünsten. Abkühlen und abtropfen lassen. Kleine Portionen auf die Steinbuttfilets geben und fest andrücken. Eine Masse aus Eigelben, geriebenem Weißbrot, Crème fraîche, Sahne und Sauce Hollandaise bereiten. Über die einzelnen Portionen geben. Im vorgeheizten Ofen bei 200° C 20 Minuten garen.
Für die Rotweinbutter alle Zutaten außer Butter bis auf sechs EL einkochen. Durch ein Sieb passieren und die kalte Butter mit dem Schneebesen zu einer cremigen Sauce aufschlagen. Die überbackenen Austern auf einem Rotweinbutter-Spiegel servieren.

250 g Steinbuttfilet
8 Austern
1 Lauchstange
6 Champignons
Butter
0,1 L Weißwein
80 g geriebenes Weißbrot
1 EL Crème fraîche
2 EL geschlagene Sahne
2 Eigelbe
4 EL Sauce Hollandaise (s. S.108)

Für die Sauce:
0,5 L kräftiger Rotwein
0,2 L roter Portwein
0,2 L Fischfond (s. S.108)
5 Pfefferkörner
200 g kalte Butterstückchen

G
Restaurant Gogärtchen

NO. 2

MUNKMARSCHER VORSPEISENTELLER

Spinat putzen und gut waschen. Schalotten in einem $^1/_3$ der Butter anschwitzen, Spinat zugeben und gar schwitzen. Mit Salz, Pfeffer und einem $^1/_3$ der Butter abschmecken.
In einer Pfanne restliche Butter erhitzen, Eier aufschlagen, Sahne zugeben und ein Rührei bereiten. Spinat und Rührei auf einem Teller anrichten. Den Lachs drübergeben, mit Kaviar und Dill garnieren.

4 Eier
500 g frischer Blattspinat
4 Scheiben gebeizter Lachs
2 gewürfelte Schalotten
50 g Lachsforellenkaviar
1 Bund Dill
100 g Butter
0,1 L Sahne

G
Restaurant Gogärtchen

NO. 3

CREMESUPPE VON STEINPILZEN

Die getrockneten Steinpilze 3 bis 4 Stunden in Wasser einweichen. Die geputzten Schalotten, Champignons und Lauch in der Pfanne mit Mehl bestäuben und in Öl anschwitzen. Mit Wein ablöschen und einkochen lassen.
Eingeweichte Pilze, Pfeffer, Lorbeer, Knoblauch zugeben. Mit Fond auffüllen und 45 Minuten köcheln lassen. Durchs Sieb passieren, Sahne zugeben. Mit Salz, Steinpilzöl oder Steinpilzpulver abschmecken und weiter köcheln lassen.
Frische Steinpilze putzen, in Scheiben schneiden und in Olivenöl anbraten. Mit Salz und Pfeffer würzen. Die Pilzsuppe mit etwas Butter und Balsamessig aufmixen. Die gebratenen Pilze in tiefe Teller geben und die heiße Suppe drübergießen.

G
Restaurant Gogärtchen

100 g getrocknete Steinpilze
1 frischer Steinpilz
50 g Champignons
1 Stange Lauch
4 Schalotten
Mehl
0,5 L trockener Weißwein
Steinpilzpulver oder Steinpilzöl
1 Spritzer Balsamessig
1 L Kalbsfond (s. Seite 108)
Cognac
Olivenöl
1 Knoblauchzehe
6 weiße Pfefferkörner
1/2 Lorbeerblatt
0,5 L Sahne

NO. 4

SÜPPCHEN VON GERÄUCHERTEM AAL

Aal filetieren und die Reste aufbewahren. Gemüse putzen, kleinschneiden, in Öl anschwitzen, mit Wein ablöschen und einkochen.
Die Aalreste zugeben und mit Fischfond auffüllen. Alle Gewürze und die Kerbelstiele zugeben. 45 Minuten köcheln lassen. Durchs Sieb passieren, 0,4 L Sahne zugeben und wieder aufkochen. Mit Butter aufmixen und würzen. Aalfilet würfeln und in die Suppenteller geben. Die Suppe kurz mit der restlichen Sahne aufmixen. Zum Anrichten sofort in die Teller geben und den Kerbel drüberstreuen.

G
Restaurant Gogärtchen

1 kleiner Räucheraal
3 Schalotten
1 Fenchelknolle
1 Stangensellerie
1 Lauchstange
1 Bund gezupfter Kerbel
0,5 L Weißwein
1 L Fischfond (s. Seite 108)
0,5 L Sahne
40 g Butter
6 weiße Pfefferkörner
1/2 Lorbeerblatt
2 Wacholderbeeren

NO. 5

FLUSSKREBSE UNTER DER HAUBE

Flußkrebse im Sud aufkochen (s. Rezept »Flußkrebse Gogärtchen«). Die Schwänze ausbrechen und beiseite stellen. Die Krebskarkassen kurz in Olivenöl anrösten, das geputzte und grob geschnittene Gemüse mit anschmoren. Mit Cognac, Weißwein, Pernod ablöschen und einkochen. Dann Knoblauch, Dillstengel, Gewürze zugeben und mit Fisch- und Kalbsfond 45 Minuten köcheln lassen. Dann durch ein Tuch passieren.
Für die Suppe die Gemüse in feine Juliennestreifen schneiden und in den Krebsfond geben. Mit Salz und Pfeffer abschmecken, mit Safranfäden würzen und den feingewiegten Dill zufügen. Die Suppe auf vier Tassen verteilen. Die Krebsschwänze aus dem Panzer pulen und den Darm entfernen. Drei Schwänze in jede Suppentasse geben. Den Blätterteig 3-4 Millimeter dick ausrollen und vier Kreise ausstechen, die etwas größer sind als der Umfang der Suppentasse. Jeweils den Rand der kreisrunden Platten mit Eigelb bestreichen und auf die Tassen legen. Teigränder an Tassenränder andrücken. Die Platten außen mit Eigelb bestreichen. Die Tassen im vorgeheizten Ofen bei 200° C lassen, bis die Teighauben goldgelb gebacken und aufgegangen sind.

G

Restaurant Gogärtchen

Für den Krebsfond:

12 Flußkrebse
0,25 L Weißwein
1/2 Karotte
1/2 Stangensellerie
1/2 Lauchstange
1/4 Fenchelknolle
2 cl Cognac
1 cl Pernod
10 Safranfäden
8 Pfefferkörner
2 Knoblauchzehen
Dillstengel
1 Lorbeerblatt
1 L Fischfond (s. S. 108)
1/2 L Kalbsfond (s. S.108)
Olivenöl

Für die Krebssuppe:

1 Bund Dill
10 Safranfäden
1/2 Lauchstange
1/4 Fenchelknolle
1/2 Stange Sellerie
Salz, Pfeffer
2 Blätterteigplatten
2 Eigelbe

Wenn man die Blätterteighaube aufsticht, entströmt ein wunderbares Krebsaroma.

Rolf Seiche an seinem Lieblingsplatz

NO. 6

SALAT VON GEBRATENEN SCAMPI MIT SELLERIERAVIOLI, PESTO UND RUCOLA

4 Scampi der Länge nach halbieren. Die Schwanzenden aber nicht durchtrennen.
4 Scampi ausbrechen und kleinhacken. Mit Basilikum, Meersalz, Olivenöl und Zitronensaft zu einer Masse verrühren.
Sellerie schälen und in ganz dünne Scheiben schneiden (Aufschnittmaschine, Gemüsehobel). 12 Scheiben drei Stunden in Salzwasser einweichen.
Dann die trockengetupften Scheiben auf eine Platte legen, einen Löffel Scampi-Masse draufgeben, die Ränder mit Eiweiß bestreichen und zu Halbmonden zusammenklappen. Mit den Scampi in Olivenöl braten, Tomatenwürfel und etwas Basilikum zugeben.
Rucola auf einem Teller anrichten, jeweils ein Scampo und drei Sellerietaschen dazugeben, Bratenfond und Pestosauce angießen.

8 Scampi mit Schale
1 Knollensellerie
3 gewürfelte Tomaten
3 Bund Rucola, gewaschen und geputzt
50 g Butter
Saft einer 1/2 Zitrone
1 Bund Basilikum
Meersalz
Olivenöl
4 EL Pestosauce (s. Seite 108)

G
Restaurant Gogärtchen

NO. 7

WARMER SALAT VON AUSTERN UND KARTOFFELN MIT FRITIERTEN SELLERIEBLÄTTERN UND SPECK

Kartoffeln ungeschält mit Kümmel und Salz garkochen. Pellen, in Scheiben schneiden und warmstellen. Austern öffnen, Fleisch auslösen und den Saft in einer Kasserolle auffangen. Austernfleisch im Saft kurz köcheln lassen, herausnehmen und warmstellen. Austernsaft etwas einkochen.
Schalotten in Olivenöl anschwitzen, mit dem Champagneressig ablöschen und mit dem Austernsaft auffüllen. Die Hälfte der Flüssigkeit zum Marinieren der Kartoffelscheiben verwenden, den Rest aufbewahren.
Fritierfett erhitzen, die Sellerieblätter fritieren und abtropfen lassen. Speckscheiben in der Pfanne kroß braten.
Zum Anrichten: Marinierte Kartoffelscheiben kreisförmig auf Teller geben, je vier warme Austern in die Mitte geben und mit dem Austernsaft beträufeln. Mit knusprigem Speck und je drei Sellerieblättern garnieren. Mit Meersalz und schwarzem Pfeffer würzen.
Tip von Koch Musar: Statt Speck schwarze Trüffel im Austernsaft mitköcheln lassen.

200 g festkochende Kartoffeln
Kümmel, Salz
16 Sylter Royal Austern
2 El Champagneressig
6 Scheiben geräucherter Speck
Olivenöl
12 Blätter vom Stangensellerie
2 gehackte Schalotten
0,5 L Fett zum Fritieren
Meersalz
schwarzer Pfeffer

G
Restaurant Gogärtchen

NO. 8

EINTOPF VON STECKRÜBEN, GRAUPEN UND LAMM

Fleisch mit dem geputzten Gemüse, Zwiebel mit Schale, Rosmarin und Thymian in kräftig gesalzenem Wasser zum Kochen bringen. Sofort die anderen Kräuter und Gewürze zugeben. Fleisch weichkochen und herausnehmen. Den Fond durch ein Tuch passieren und das Lammfleisch beiseite stellen.
Rübe in größere Würfel, 2 – 3 cm, schneiden und im Lammfond zum Kochen bringen. Graupen und die in Stücken geschnittenen Karotten und Sellerie zugeben. Eintopf fertig kochen, mit Salz und Pfeffer abschmecken. Die Lammschulter in Würfel schneiden und miterwärmen.
Zum Anrichten: Den Eintopf in Suppentellern servieren. Dazu eine Petersiliensauce reichen: alle Zutaten kleinhacken und mit Essig und Öl zu einer geschmeidigen Sauce verrühren. Salzen und pfeffern. Sauce gut durchziehen lassen.

Für die Lammschulter:

1 kg Lammschulter
2 Karotten
1/2 Stangensellerie
1 Lauchstange
3 Petersilienstengel
2 Lorbeerblätter
1 große Zwiebel
10 Pfefferkörner
1 Rosmarinzweig
1 Thymianzweig
2 Wacholderbeeren
1 Nelke
Wasser
50 g Salz

G
Restaurant Gogärtchen

Für die Steckrübe:

80 g eingeweichte Perlgraupen
80 g Steckrübe
1 Karotte
1/2 Stangensellerie

Für die Petersiliensauce:

1 Bund Blattpetersilie
2 Knoblauchzehen
2 hartgekochte Eigelbe
4 Sardellenfilets
1 EL Kapern
150 g geriebenes Weißbrot
0,15 L Olivenöl
50 ml Essig
Salz
Pfeffer

Tip: Soll der Eintopf als Hauptgericht vier Personen satt machen, müssen zwei Lammschultern her. Für ein Zwischengericht reicht eine Lammschulter

NO. 9

GÄNSESTOPFLEBERMEDAILLONS AUF GLASIERTEM CHICORÉE

Blutorangen schälen, Filets herausschneiden und den Saft auffangen. O-saft mit Port einkochen und mit der kalten Butter zu einer sämigen Sauce rühren. Chicoréeblätter in einer Pfanne mit Butter, Zucker und Fond glasieren. Gänselebermedaillons leicht mehlieren, salzen und mit etwas Butter in der heißen Pfanne kurz braten. Schwarzen Pfeffer drübergeben. Orangenfilets in der Sauce leicht erhitzen. Chicoréeblätter auf Tellern sternförmig anrichten und mit Orangensauce beträufeln.
Gänsestopfmedaillons in die Mitte geben und mit Orangenfilets umlegen. Schwarzen Pfeffer drüberstreuen.

4 Gänsestopflebermedaillons à 50 g
Mehl
1 Chicorée
4 Blutorangen
grober schwarzer Pfeffer, Salz
80 g eiskalte Butterstückchen
0,1 L Hühnerfond (s. S. 108)
0,2 L Portwein
50 g brauner Zucker

G
Restaurant Gogärtchen

NO. 10

FLUSSKREBSE À LA GOGÄRTCHEN

Für die Krebse: Wein, Wasser und die geputzten, grob gehackten Gemüse und Gewürze in einem großen Topf zum Kochen bringen. Die Krebse hineinwerfen, immer nur soviele, daß sie noch vom kochenden Wasser bedeckt sind. Sofort mit dem Deckel verschließen, aufkochen und 8 Minuten ziehen lassen. Herausnehmen und beiseite stellen. Krebssud wieder aufkochen und restliche Krebse kochen. *Für die Courtbouillon* Krebskarkassen in Olivenöl anschwitzen. Die geputzten und feingeschnittenen Gemüse, 3 Dillstangen mit dem Tomatenmark zugeben.Mit Cognac ablöschen, dann mit Wein aufgießen. Mit Fischfond, Hühnerfond, Gewürzen, Knoblauch und Dill 1 1/2 Stunden köcheln lassen. Dann durch ein feines Sieb passieren. Mit Salz, Pfeffer, Cognac und Zitrone abschmecken, Butter und Krebsbutter zufügen, feingeschnittenen Dill drüberstreuen. Zum Anrichten: Courtbouillion in Tassen füllen und zu den gekochten Krebsen servieren. Die gekochten Krebse auf einer großen Platte reichen.

Für die Krebszubereitung:

2 kg Türkische Flußkrebse
5 L Wasser
1 L Weißwein
1 Lorbeerblatt
10 weiße Pfefferkörner
4 Wacholderbeeren
25 g Kümmel
2 Bund Dill
2 Stangen Staudensellerie
1 Zwiebel
1 Karotte
1/2 Lauchstange
1/2 Fenchelknolle
Salz

Restaurant Gogärtchen

Für die Courtbouillion:

300 g Flußkrebskarkasssen
1 Stange Staudensellerie
1 Zwiebel
4 Schalotten
1/2 Lauchstange
3 Champignons
1/2 Fenchelknolle
Olivenöl zum Anbraten
1 EL Tomatenmark
2 EL Krebsbutter
0,3 L Cognac
0,5 L Weißwein
1 L Fischfond (s. S. 108)
0,5 L Hühnerfond (s. S. 108)
1 Lorbeerblatt
10 Pfefferkörner
3 Knoblauchzehen
3 Bund Dill
Zitrone
Butter zum Abschmecken

NO. 11

SCHELLFISCH AUS DER FOLIE MIT BEURRE BLANC

Fisch salzen und pfeffern. Gemüse putzen, kleinschneiden, mit Gewürzen und Wein vermischen. In den Bratschlauch das Gemüse und die Butter geben. Auf das Gemüsebett den Schellfisch legen und die Folie gut verschließen. Auf einem kalten Blech im vorgeheizten Ofen bei 200° C 30 Minuten garen. Für die Beurre blanc Schalotten, Wein, Thymian und Pfeffer in einem Topf bei starker Hitze auf ein Drittel reduzieren. Vom Feuer nehmen und mit dem Schneebesen die eiskalten Butterstückchen einrühren bis eine sämige Sauce entsteht. Mit Salz, Pfeffer abschmecken und die Sahne unterheben. Zum Anrichten den Fisch aus der Folie nehmen, portionieren, mit Gemüse und Beurre blanc servieren. Dazu passen Dill-Kartöffelchen.

Für die Beurre blanc:

3 gewürfelte Schalotten
0,3 L trockener Weißwein
6 weiße Pfefferkörner
300 g eiskalte Butterstückchen
1 Thymianzweig
50 g geschl. Sahne
50 ml Fischfond (s. S. 108)

Restaurant Gogärtchen

Für den Fisch:

1,2 kg Schellfisch, ausgenommen, ohne Kopf und Flossen
1 Bratschlauch
je 1 Karotte, Lauchstange, Fenchelknolle, Stangensellerie
3 Schalotten
je 2 Petersilienstengel, Dillstengel, Wacholderbeeren
2 Thymianzweige
10 weiße Pfefferkörner
1 Lorbeerblatt
40 g Butterstückchen
0,1 L Weißwein
Salz, Pfeffer

NO. 12

SEETEUFELFILET AUF GESCHMORTEM FENCHEL

Für das Gemüse: Fenchel vierteln, Stiele in Stücke schneiden und das Kraut aufbewahren. Fenchelstiele, Schalotten, Tomatenviertel, Dillstengel und Knoblauchzehen in einer Eisenpfanne in Olivenöl anschwitzen. Fenchel dazugeben und mit anschwitzen. Mit Weißwein und Pernod ablöschen. Mit Fischfond und Tomatensaft auffüllen. Pfeffer, Lorbeer, Thymian und Salz hinzufügen. Die Pfanne im vorgeheizten Ofen bei 250° C 30 Minuten schmoren lassen. Sobald der Fenchel weich ist, herausnehmen, Fond durch ein Sieb passieren und einkochen lassen. Butterstückchen einrühren und zu einer geschmeidigen Sauce aufmontieren. Seeteufel mit Schlachtergarn zusammenbinden, in einer ofenfesten Form in Olivenöl anbraten. Thymian und Knoblauch zugeben. In den vorgeheizten Ofen bei 200° C max. 15 Minuten schieben. Mit Bratenfond übergießen. Aus dem Ofen nehmen, Schlachtergarn entfernen und in schräge Stücke schneiden.
Für die Sauce Zitronen schälen und die Filets herausschneiden. Butter, Kapern und Zitronenfilets in die Pfanne geben, Fischfond unterrühren bis eine cremige Sauce entstanden ist. Fenchelkraut und Tomatenwürfel zufügen. Zum Anrichten Fenchel in seiner Sauce heißmachen. Auf Teller geben und den Seeteufel auf dem Fenchel anrichten. Mit der Zitronen-Kapernsauce beträufeln. Dazu kleine gebratene Kartöffelchen servieren.

G
Restaurant Gogärtchen

Für den Fisch:

400 g enthäuteter Seeteufel im Stück
2 Knoblauchzehen
3 Thymianzweige
Olivenöl zum Braten
Schlachtergarn

Für das Gemüse:

3 Fenchelknollen mit Kraut
5 Schalotten
2 geviertelte Tomaten
3 Dillstengel
0,2 L Weißwein
0,25 L Fischfond (s.S. 108)
1 cl Pernod
6 Pfefferkörner
1 Lorbeerblatt
1 Thymianzweig
60 g Butter
Salz

Für die Sauce:

1 EL Kapern
3 Zitronen
60 g Butter
0,2 L Fischfond (s. S. 108)
4 kleingewürfelte Tomaten

Gogärtchen mit Sternen, Mützen, Häusern, Gabeln und Bechern — ein echter Seiche-Gag.

Oldtimer-Parade vor dem Gogärtchen

Côte de Boeuf

NO. 13

CÔTE DE BOEUF VOM HOLSTEINER OCHSEN

Ochsenkotelett mit Salz, Pfeffer würzen und in einer großen Pfanne von beiden Seiten kräftig anbraten. Schalotten, Knoblauch und Kräuterzweige zugeben. In den vorgeheizten Ofen schieben und bei 200° C 20 Minuten braten. Hin und wieder mit Bratensauce übergießen. Bei Bedarf mehr Wein und Fond zugießen. Fleisch aus dem Ofen nehmen und ruhen lassen. Den Bratenfond mit der Sauce Béarnaise vorsichtig verrühren. Fleisch in Butter nur kurz nachbraten. Vom Knochen lösen und in Scheiben schneiden. Bohnen in Salzwasser blanchieren und mit Eiswasser abschrecken. Perlzwiebeln in Butter anschwitzen, mit etwas Fond ablöschen und köcheln lassen, mit Butter, Salz und Zucker glasieren. Bohnen, Bohnenkraut und gewürfelten Speck zugeben. Zum Fleisch servieren. Zum Anrichten Fleisch in 4 Stücke schneiden, auf Teller verteilen, Gemüse und Speck dazureichen.

750 g Kotelett aus der Hohen Rippe, mit Fett und gut abgehangen
Öl zum Braten

G
Restaurant Gogärtchen

2 gewürfelte Schalotten
2 Knoblauchzehen
je 1 Zweig Thymian, Rosmarin, Majoran
Schwarzer Pfeffer, Salz
0,125 L kräftiger Rotwein
0,125 L Kalbsfond (s. S. 108)
0,2 L Sauce Béarnaise (s. S. 108)

Für das Gemüse:
125 g Kenia-Bohnen
20 Perlzwiebeln
Bohnenkraut
2 geräucherte Speckscheiben

NO. 14

OSSOBUCO VOM LAMM AUF ARTISCHOCKEN-PAPRIKAGEMÜSE

Für das Fleisch: Haxen von allen Seiten in Olivenöl anbraten und salzen. Karotte und Sellerie waschen, putzen, kleinschneiden und mit der Zwiebel mitrösten. Knoblauch, Kräuter und Tomatenmark zugeben und anschwitzen. Mit Rotwein mehrfach ablöschen, immer wieder umrühren, damit nichts ansetzen kann. Mit dem heißen Lammfond auffüllen und im vorgeheizten Ofen bei 200° C anderthalb Stunden schmoren. Wenn das Fleisch weich ist, herausnehmen und den Fond durch ein Sieb passieren. Mit Salz und Pfeffer abschmecken.
Für das Gemüse die Artischockenböden herauslösen, das Stroh mit dem Löffel herauskratzen. Böden in Stücke schneiden und in Olivenöl anbraten. Knoblauch, Rosmarin und Thymian zugeben, salzen und pfeffern. Die Paprika entkernen, in Rauten schneiden und in die Pfanne geben. Salbeiblätter kurz in Öl fritieren. Zum Anrichten die Haxen auf Teller geben und die Sauce angießen. Gemüse verteilen und mit den Salbeiblättern garnieren.
Dazu passen Gnocchi oder Polenta.

Für das Fleisch:
1 kg Lammhaxen, 4 St à 250 g
Olivenöl
1 kleine gewürfelte Zwiebel
1 Karotte
1 Stangensellerie

G
Restaurant Gogärtchen

2 Knoblauchzehen
1 EL Tomatenmark
1 Thymianzweig
1 Rosmarinzweig
0,7 L Rotwein
0,5 L Lammfond (s.S.108)
Salz, Pfeffer
Für das Gemüse:
4 gekochte Artischocken
1 rote, gelbe, grüne Paprikaschote
2 Schalotten
1 Rosmarinzweig
1 Thymianzweig
1 Knoblauchzehe
6 Salbeiblätter
Öl zum Fritieren

NO. 15

MEDAILLONS VOM KALBSFILET MIT SPARGEL UND FRISCHEN MORCHELN

Kalbsfilets in 4 gleichmäßige Medaillons schneiden, in einer Pfanne mit Butter anbraten, mit Salz und Pfeffer abschmecken. Rosmarin und die zerdrückten Wacholderbeeren zugeben. Fleischscheiben während des Bratens immer wieder mit Bratensaft begiessen. Etwa 6–8 Minuten medium braten und dann warmstellen.
Für das Gemüse Spargel schälen, in Salzwasser 8–10 Minuten mit Zitronensaft, Prise Zucker und etwas Butter bißfest kochen. Herausnehmen und beiseite stellen. Morcheln gründlich waschen, denn sie können sehr sandig sein. Gut abtropfen lassen.In einer Pfanne andünsten, Schalotten und Butter zugeben, mit Salz und Pfeffer würzen. Morcheln aus der Pfanne in eine kleine Kasserolle geben und Blattpetersilie drüberstreuen. Geschlagene Sahne unterziehen und warmstellen.
Für die Sauce Cognac und Wein in einer heißen Pfanne um ein Drittel einkochen. Sahne und Kalbsfond zugiessen und wieder um ein Drittel reduzieren. Mit Salz und Pfeffer abschmecken. Kalte Butterstücken zur besseren Bindung unterrühren bis die Sauce einen seidigen Glanz bekommt. Spargel mit Butter und Zucker in der Pfanne bei milder Hitze glacieren - nicht zu braun werden lassen. Zum Anrichten die Kalbsmedaillons mit dem Spargel auf Teller geben, die Morcheln drübergeben und mit der Sauce angießen.

Für das Fleisch:
400 g Kalbsfilet
1 Rosmarinzweig
2 Wacholderbeeren

G
Restaurant Gogärtchen

Butter zum Braten
Salz, Pfeffer
Für das Gemüse:
1 kg frischer Spargel
Butter, Zucker
Zitronensaft
100 g frische Morcheln
4-6 gewürfelte Schalotten
1 Bund gehackte Blattpetersilie
2 EL geschlagene Sahne
Butter, Salz, Pfeffer

Für die Sauce:
0,1 L Cognac
0,1 L Weißwein
0,3 L Kalbsfond (s. S. 108)
0,2 L Sahne
40 g eiskalte Butterstücken

NO. 16

SAUTIERTE KALBSNIEREN NACH ROLF SEICHE

Kalbsnieren in Stücke schneiden, mit den Schalotten anbraten und mit Cognac flambieren. Butter zugeben und warmstellen. Kalbsfond, Butter, Senf in eine Kasserolle geben und bei milder Hitze eine Senfsauce aufschlagen. Mit der Sahne verfeinern. Zum Anrichten die Nieren auf eine Platte geben, würzen und die Senfsauce drübergeben. Mit Petersilie bestreuen. Dazu Kartoffelpüree reichen.

G
Restaurant Gogärtchen

300 g küchenfertige Kalbsnieren
4 geputzte, gehackte Schalotten
50 g Butter
Olivenöl zum Braten
Cognac
2 EL Dijonsenf
1 TL englischer Senf
0,2 L Kalbsfond (s. Seite 108)
3 EL geschlagene Sahne
1 Bund gehackte Petersilie
750 g Kartoffeln

NO. 17

FRIESISCHER SCHWARZBROTPUDDING MIT QUITTEN-BIRNENKOMPOTT

(für 6 Personen) *Für den Pudding* die Kuvertüre im Wasserbad schmelzen und abkühlen lassen. Küchenkrepp in einem Backblech auslegen. Förmchen mit Butter einfetten, mit Zucker bestreuen und auf das Backblech stellen. Schwarzbrot und geriebene Mandeln im Mixer kleinhacken. In einer Schüssel Butter mit den Gewürzen schaumig schlagen, Eigelbe nacheinander zugeben. Danach Kuvertüre und Schwarzbrot untermengen. Eiweiß mit Zucker steifschlagen und unter die Schokomasse rühren. Die Masse in die Förmchen geben. Das Backblech so mit heißem Wasser auffüllen, daß die Förmchen zu 3/4 im Wasser stehen. Im vorgeheizten Ofen bei 200° C ca. 30 Minuten backen. Kurz abkühlen.
Quitten und Birnen waschen, schälen und in kleine Stücke schneiden. Mit den Gewürzen, Zucker und Wasser ein Kompott kochen. Zum Pudding kalt servieren. Zum Anrichten die Förmchen vorsichtig stürzen. Tip: Statt frischer Quitten kann auch Quittengelee verwendet werden.

Für den Pudding:
60 g gehackte Kuvertüre (Zartbitterschokolade)
100 g Butter
100 g kräftiges Schwarzbrot
50 g geriebene Mandeln
20 g Honig
2 cl Kirschwasser
30 g Zucker
1 Vanilleschote
1 geriebene Zitronenschale
1 Prise gemahlener Zimt
1 Prise gemahlene Nelke
1 Prise Salz
5 Eigelbe
5 Eiweiß
6 Keramikförmchen, ca. 8 cm Durchmesser

Für das Kompott:
10 Quitten
2 Birnen
1 Zimtstange
1 Vanillestange
50 g Zucker
1/2 Lorbeerblatt
0,5 L Wasser

G
Restaurant Gogärtchen

NO. 18

CRÊPES MIT WALDERDBEEREN

Für die Crêpes: Milch und Mehl verrühren, dann Eier, Orangenschale, Salz und Vanillezucker unterrühren. Weiter gut verrühren und die Butter zugeben. Wenig Teigmasse in eine heiße Pfanne geben und die Crêpes nacheinander mit Öl ausbacken. Kaltstellen. Quark mit Sahne glattrühren. Vanilleschoten der Länge nach aufschneiden, dann das Mark auskratzen und mit etwas Sahne aufkochen, Zucker zugeben und erkalten lassen. Dann mit Quark, Vanillezucker und Limonenschale gut verrühren. Geschlagene Sahne unterheben und kaltstellen. Die Crêpes mit dem Vanillequark dick bestreichen, die Walderdbeeren draufgeben und vorsichtig zusammenrollen. Zum Anrichten das Rhabarberkompott auf Teller geben und darauf die Crêpes aufschneiden, eventuell eine Kugel Champagnereis dazugeben.

Für die Crêpes:
0,2 L Milch
80 g Mehl
2 Eier
1 TL geriebene Orangenschale
1 Prise Salz
80 g geklärte Butter
10 g Vanillezucker
Öl

Für den Quark:
2 Vanilleschoten
150 g Quark
Vanillezucker
2 EL geschlagene Sahne
1 TL geriebene Limonenschale
Zucker
400 g geputzte Walderdbeeren
200 g Rharbarberkompott

G
Restaurant Gogärtchen

Apfelkuchen

NO. 19

APFELKUCHEN NACH OMA GOGARTEN

Zucker und Butter in eine Schüssel geben, schaumig schlagen und das Mehl nach und nach zufügen. Einen geschmeidigen Teig kneten und zu einem ca. einen halben Zentimeter dicken Teigboden ausrollen. Eine eingefettete runde Backform mit dem Teig auslegen. Den Restteig zum Belegen der Ränder und des Deckels ausrollen. Den Rand der Form ebenfalls mit Teig belegen. Die geschälten, geschnittenen Apfelspalten in einem Topf mit Rosinen, Zimt, Zucker, Rum, geriebenem Weißbrot und geriebenen Mandeln kurz andünsten und erkalten lassen. In die Kuchenform einfüllen und mit dem Teigdeckel bedecken. Mit verquirltem Ei bestreichen, die Mandelstifte drüberstreuen und Butterflocken draufgeben. Zwei Stunden bei 200° C mit Ober - und Unterhitze im Ofen backen.

300 g Mehl
250 g Butter
150 g Zucker
1 kg Boskop-Äpfel
200 g Mandelstifte
Rosinen
gemahlener Zimt
Rum
1 Ei
100 g geriebene Mandeln
100 g geriebenes Weißbrot
40 g Butterflocken

G
Restaurant Gogärtchen

Einmal im Jahr stand im Gogärtchen die Küchenbrigade stramm: Dann kam Oma Gogarten und kontrollierte die Kuchenproduktion. Das war im Pachtvertrag notariell festgehalten: Der Apfelkuchen durfte nur nach ihrem Rezept gebacken werden. 1988 starb »Mutter Go« – aber ihr Kuchen wird weitergebacken!

NO. 20

TARTE AU CHOCOLAT MIT FLAMBIERTEN BANANEN

Mehl, Zucker, Salz mit der Butter zu einem Teig kneten, Wasser zugeben und eine Kugel formen. Den Teig kühl stellen. Eine Springform (Ø 23 cm) ausbuttern und den Teig ausrollen. Form auslegen und den Rand fünf Zentimeter hoch mit Teigstreifen auskleiden. Zum Blindbacken die Linsen auf den Teigboden schütten und die Form im vorgeheizten Ofen bei 220° C 20 Minuten backen. Inzwischen Milch, Crème double in einem Topf unter Rühren zum Kochen bringen. Von der Platte nehmen, abkühlen lassen. Mit dem Schneebesen die gehackte Schokolade unterrühren, bis sie sich vollkommen aufgelöst hat. Nacheinander die Eier mit dem Schneebesen unterheben. Die Form aus dem Ofen holen, Linsen entfernen, und die Schokoladenmasse vorsichtig einfüllen. Bei 180° C 35 Minuten backen. Bananen in schräge Scheiben schneiden, in Butter anbraten, mit Cognac ablöschen und flambieren. Zum Anrichten die Schokoladentarte mit Sahne, Banane und einer Kugel Vanilleeis auf einen Teller geben.

250 g Mehl
1 EL Zucker
1 Prise Salz
125 g weiche Butter
0,2 L Milch
0,4 L Crème double
400 g grobgehackte Zartbitterschokolade
8 Eier
2 Bananen
Cognac
0,2 L geschlagene Sahne
200 g Linsen

G
Restaurant Gogärtchen

Blindbacken: Damit der Teig beim Backen nicht hochgeht, füllt man Bohnen oder Linsen auf den Teigboden.

45 JAHRE GOGÄRTCHEN

Die letzten Jahre hat Rolf Seiche, selber schon 30 Jahre in Kampen ansässig, das Reetdachhaus an der Whiskystraße zu neuem Glanz geführt. Einige Glanzlichter im Leben des Gastronomen:

Hahn im Gärtchen: Wirt mit Team

Gast im Gogärtchen: Gunther Sachs, Deutschlands letzter Playboy

Hochzeit 1996

Party-Start: Lena und Rolf Seiche mit Mitarbeitern

Sänger im Gärtchen: Roland Kaiser mit Begleitung

Ex-»Mr. Tagesthemen« beim Kaffee – eines der letzten Bilder von Hajo Friedrichs

WEINEMPFEHLUNGEN

Aus diesem Buch, der größten Speisekarte von Sylt, haben Sie sich ein schönes Menü zusammengestellt - als wären Sie in einem der fünf Restaurants zu Gast. Was fehlt jetzt noch ? Der Rat eines erfahrenen Sommeliers, der die Restaurants und ihre Gerichte kennt und daher den richtigen Tropfen empfehlen kann. So jemanden gibt es nicht ?

Er heißt Martin Schachner, war bei Müller, Hinkfuss und zuletzt bei Lässig Sommelier. Heute besitzt er eine Weinhandlung im Zentrum von Westerland. Für Sie hat er die besten Weine passend zu den Gerichten ausgewählt:

Restaurant Jörg Müller:

Gebratene Heilbuttschnitte
1994er Weißburgunder und Chardonnay trocken vom Weingut Karl Johner oder
1995er Weißburgunder Kabinett, Ihringer Winkelberg vom Weingut Stigler

Paella
1996er Riesling Kabinett, Hochheimer Herrenberg vom Weingut Franz Künstler

Drei Variationen von der Ananas
1989er Riesling Beerenauslese, Zeltinger Sonnenuhr vom Weingut Markus Molitor

Restaurant Hinkfuss

Ravioli mit Ochsenschwanz im eigenen Sud
1995er Dolcetto vom Weingut Giacomo Conterno oder ein
1993er Blauer Spätburgunder vom Weingut Guldenbachhof

Geflügeleintopf Buntes Huhn
1994er Tavel Rosé vom Weingut M. Chapoutier, Rhone

Charlotte vom Heidespargel
1994er Weißburgunder Spätlese trocken vom Weingut Dr. Heger

Dorsch mit Kapernäpfeln
1994er Chardonnay Buchholz vom Weingut Alois Lageder, Südtirol

Restaurant Sansibar

Hummersuppe

1995er Sauvignon blanc vom Weingut Silvio Jeroman, Friaul

Wiener Schnitzel

1995er Grüner Veltliner Federspiel trocken vom Weingut F. X. Pichler, Wachau oder

1995er Grauburgunder vom Weingut Guldenbachhof

Scampi im Tempurateig

1995er Riesling Kabinett trocken Graacher Domprobst vom Weingut Markus Molitor.

Kaiserschmarrn

1994er Gelber Muskateller vom Weingut Alois Groß, Süd Steiermark oder

1994er Weißburgunder Auslese trocken Windesheimer Rosenberg vom Weingut Guldenbachhof.

Restaurant Dirk Lässig

Marinierter Tafelspitz mit Gemüsevinaigrette

1995er Sylvaner Kabinett trocken, Ihringer Winkelberg vom Weingut Stigler oder

1995er Grüner Veltliner Federspiel trocken vom Weingut Emmerich Knoll, Wachau.

Ochsenschwanz im Spitzkohlblatt

1993er Blauer Spätburgunder vom Weingut Karl Johner oder

1993er Dornfelder Spätlese trocken Laumersheimer Kirschgarten vom Weingut Werner Knipser.

Gebratener Kabeljau

1995er Weißburgunder Windesheimer Römerberg vom Weingut Guldenbachhof oder

1995er Pinot Grigio Ronco dei Tassi vom Weingut Fabio Coser, Friaul

Munsterkäse im Blätterteig

1995er Riesling Spätlese halbtrocken Zeltinger Sonnenuhr vom Weingut Markus Molitor

Restaurant Gogärtchen

Ossobucco vom Lamm

1993er Selection di Monte Maggio aus Raddo, Chianti

Gratinierter Steinbutt mit Sylter Austern und Rotweinbutter

1993er Domaine Leflaive Blagny 1er Cru Sous Le Dos D`Ans oder

1993er Spätburgunder Spätlese trocken vom Weingut Werner Knipser

Medaillions vom Kalbsfilet mitSpargel und frischen Morcheln

1995er Sancerre Rosé Domaine la Mouyssière vom Weingut Alphonse Mellot oder

1995er Spätburgunder Freiburger Schloßberg vom Weingut Stigler.

Studiert man die Weinkarten der Sylter Restaurants, stellt man schnell fest, daß deutscher Wein schwer im Trend liegt. Es werden natürlich Weine aus der ganzen Welt in den Karten aufgeführt, aber auf der Insel spielen die einheimischen Gewächse die erste Geige .

SAUCEN UND FONDS

Heller Fleisch- oder Kalbsfond

2 kg Kalbsknochen

1 kg Geflügelklein

500 g Kalbshaxe oder -schulter

100 g Möhren

2 Stangen Lauch

1 grobgehackte Zwiebel

1/4 Sellerieknolle

Pfefferkörner

Lorbeerblatt, Thymian

Fleisch und Knochen in 4 Litern Wasser aufsetzten und zum Kochen bringen. Abschäumen, Gemüse und Gewürze dazugeben. Bei mäßiger Hitze 3-4 Stunden kochen lassen. Dann durchpassieren, bis ein klarer Fond entsteht. Abkühlen und gut entfetten.

Geflügelfond

Wie heller Fond, jedoch statt des Kalbfleischs ein kleines Suppenhuhn verwenden.

Brauner Kalbsfond

2 kg Kalbsknochen

400 g Zwiebeln

200 g Möhren

150 g Staudensellerie

100 g Tomatenmark

200 ml Rotwein

Kleingehackte Kalbsknochen in einer Kasserolle im Ofen bei 220 °C braun anbraten. Gemüse putzen, waschen und grob würfeln. Zugeben und ebenfalls anrösten. Wenn Gemüse und Knochen gut angebraten sind, Tomatenmark dazugeben und nochmals in den Ofen schieben. Hat das Tomatenmark eine dunkelbraune Färbung angenommen, Kasserolle aus dem Ofen nehmen, mit Rotwein und 3 Litern kaltem Wasser auffüllen. 4 Stunden leicht kochen lassen. Auf 1 Liter reduzieren, bis ein kräftiger Fond entstanden ist.

Lammfond

Statt des Kalbfleischs Lammknochen und Lammfleisch verwenden.

Fischfond

1 kg Fischköpfe, -gräten

2 Stangen Staudensellerie

1 Bund Petersilie

1/2 Lauchstange

6 kleingehackte Schalotten

40 g Butter

6 zerdrückte Pfefferkörner

1 Lorbeerblatt

1 Prise Thymian

500 ml trockener Weißwein

Fischteile abspülen, aus den Fischköpfen die Kiemen entfernen. Sellerie, Lauch und Petersilie putzen, waschen und in kleine Stücke schneiden. Die Gemüse in einer Kasserolle in Butter anschwitzen. Fischstücke und Gewürze dazugeben. Mit Weißwein ablöschen und mit 2 Litern Wasser auffüllen, ca. 20 Minuten vorsichtig kochen lassen. Abschäumen und durch ein feines Sieb passieren.

Velouté oder Samtsauce

aus Kalbsfond, Geflügelfond oder Fischfond

Für 1 L Velouté:

80 g Butter

60 g Mehl

1 1/2 L Fond

Butter im Topf schmelzen, Mehl zufügen und eine helle Mehlschwitze herstellen. Sobald sich Mehl und Butter gut verbunden haben, den Fond zugießen, zum Kochen bringen und unter ständigem Rühren mindestens 20 Minuten köcheln lassen. Vor der Verwendung durch ein feines Sieb passieren. Die Sauce kann mit Sahne verfeinert werden.

Sauce Hollandaise

3 Eigelbe

250 g Butter

2 EL Zitronensaft oder Weißwein

2 EL Wasser

Salz, Pfeffer

Butter erwärmen, bis sie flüssig ist. Eigelbe mit Wasser, Salz und Pfeffer in einer Kasserolle mit dem Schneebesen schaumig schlagen. Im warmen Wasserbad oder am Herdrand Butter nach und nach unterheben. Dabei darauf achten, daß die weiße Molke zurückbleibt. Mit Zitronensaft oder Weißwein abschmecken. Sollte die Sauce gerinnen, kann sie problemlos mit einigen Tropfen kalten Wassers wieder aufgeschlagen werden.

Sauce Béarnaise

wie Sauce Hollandaise zubereiten, jedoch statt des Weißweines:

2 EL Estragonessig

1 Estragonzweig

1 gehackte Schalotte

in einen Topf geben und auf 1 TL einreduzieren lassen und unter das Eigelb-Butter-Gemisch rühren. Sollte die Sauce zu fest werden, 1-2 EL Wasser zugeben und noch einmal aufschlagen.

Pestosauce

2 Bund Basilikum

1 Bund Petersilie

1 EL Pinienkerne

10 EL sehr gutes Olivenöl

1/2 TL Salz

2-3 Knoblauchzehen und 2-3 EL Parmesankäse können bestimmten Gerichten zugegeben werden

Kräuter waschen und grob hacken, mit den Pinienkernen, dem Salz und Olivenöl in den Mixer geben. Alles gut pürieren. In einem verschlossenen Gefäß hält sich die Sauce bis zu 14 Tagen.

Sauce Verte

2 Dillzweige

2 Petersilienstengel

4 Kerbelstengel

20 g Spinatblätter

20 g Sauerampferblätter

1 Schalotte kleingewürfelt

5 EL Mayonnaise

Salz, Pfeffer

Spinatblätter und Sauerampferblätter kurz blanchieren und in Eiswasser abschrecken. Anschließend alle Kräuter, Spinat und Sauerampferblätter grob hacken. Im Mixer fein pürieren. Die grüne Masse durch ein sehr feines Sieb streichen, den Saft mit der Mayonnaise verrühren, mit Salz und Pfeffer abschmecken.

Alle Gerichte sind für vier Personen berechnet, andernfalls steht es extra in den Rezeptangaben. Die angegebenen Back- und Garzeiten beziehen sich auf Elektroherde. Fonds können in größeren Mengen hergestellt, aufgeteilt und eingefroren werden.

REZEPTVERZEICHNIS

Vorspeisen

92 Süppchen von geräuchertem Aal
36 Aalterrine
11 Antipasti
94 Warmer Salat von Austern und Kartoffeln mit fritierten Sellerieblättern und Speck
12 Avocadosalat mit Nordseekrabben
71 Lauwarmer Bohnensalat mit gebratener Wachtel
52 Carpaccio von gebratenem Rinderfilet
72 Grüne Erbsenschaumsuppe mit Hummermedaillons
93 Flußkrebse unter der Haube
37 Gänsestopflebermousse im Fliederbeergelee
53 Gemüsesuppe mit Rindfleisch
41 Charlotte vom Heidespargel
52 Hummersuppe
40 Karotten-Meerrettichtorte mit Räucherlachs in Trüffelhonig
11 Holsteiner Kartoffelsuppe mit Krabben
54 Käsenudeln
53 Robiola mit Knoblauchspaghetti und Ofentomaten
71 Verlorenes Landei mit Trüffel
32 Omelette Fricassee von Räucherfischen
32 Omelette mit Spargelfüllung
31 Ravioli mit Ochsenschwanz im eigenen Sud
94 Salat von gebratenen Scampi mit Sellerieravioli, Pesto und Rucola
36 Schlachtterrine
51 Spaghetti mit iranischem Kaviar
51 Warmer Spargelsalat mit gebeiztem Lachs und Sternanis
91 Gratin vom Steinbutt auf Sylter Auster mit Rotweinbutter
92 Cremesuppe von Steinpilzen
72 Tomatenconsommee mit Ziegenkäseravioli
91 Munkmarscher Vorspeisenteller

Hauptspeisen Fisch

40 Dorsch mit Kapernäpfeln
16 Gekochter Dorsch in Senfsauce
13 Piccata von Dorschbäckchen auf Pestonudeln
96 Flußkrebse à la Gogärtchen
75 Heilbutt gebraten auf Rahmspinat mit Kartoffel-Mille-Feuille
17 Gebratene Heilbuttschnitte auf Schmorgurken
75 Kross gebratener Kabeljau auf Linsengemüse und Püree
77 Lachs und Jakobsmuscheln auf gebratenem Fenchel
73 Muschelsäckchen
57 Nordmeerfische auf Sauerkraut mit Sauce Hollandaise
74 Marinierte Nordseekrabben mit Reibeküchlein
33 Gebratenes Rotbarschfilet, kalt serviert
54 Scampi in Tempurateig gebacken, auf Thaigemüse
57 Scampipfanne in Knoblauchbutter
96 Schellfisch aus der Folie mit Beurre blanc
97 Seeteufelfilet auf geschmortem Fenchel
15 Seeteufelkoteletts mit Kräutern der Provence in Balsamicobutter
13 Gratiniertes Schollenfilet auf Blattspinat mit Nordseekrabben
16 Gebratene Schollenfilets mit Tomatencoulis und Pesto-Kartoffelsalat
78 Steinbutt mit Sylter Miesmuscheln
55 Filets vom Steinbutt, Seeteufel und Wildlachs auf Chablisschaum
55 Mittelstück vom Wildlachs auf Champagnercreme
12 Zanderschaumklößchen mit Champignons und Dillsauce

Hauptspeisen Fleisch

99 Côte de Boeuf vom Holsteiner Ochsen
58 Curryhuhn
19 Deichlammschulter mit Kräuterkruste
35 Eisbein mit Sauerkraut, Erbspüree und Speckstibbe
79 Ente gebraten mit Apfelrotkraut und Schupfnudeln
95 Gänsestopflebermedaillons auf glasiertem Chicorée
37 Geflügeleintopf Buntes Huhn
18 Fasanenbrust im Sauerkrautmantel
17 Variationen von der Heide-Ente auf Grünkohl
59 Barbecue vom Huhn
38 Gefüllte Kalbsbrust mit Pfefferaprikosen und Spitzkohl
100 Medaillons vom Kalbsfilet mit Spargel und frischen Morcheln
80 Geschmorte Kalbshaxe mit Gänseleberravioli
100 Sautierte Kalbsnieren
77 Kalbstafelspitz auf Schnittlauchrahm
35 Königsberger Klopse
39 Labskaus nach dem Rezept eines alten Kap-Hoorniers
95 Eintopf von Steckrüben, Graupen und Lamm
99 Ossobuco vom Lamm auf Artischocken-Paprikagemüse
33 Lammbratwurst mit Malzbiersauce und Spitzkohl
19 Lammcurry scharf mit Broccoli und Basmatireis
78 Lammrücken mit Cherry-Tomaten und Polenta
61 U. S. Marmorrumpsteak, zubereitet wie in New Orleans
81 Ochsenschwanz im Spitzkohlblatt
15 Paella
73 Pellkartoffeln mit iranischem Kaviar
59 Rindergulasch
39 Rotwurststrudel mit Stachelbeerweinkraut
74 Marinierter Tafelspitz mit Gemüsevinaigrette
61 Wiener Schnitzel
20 Wildente mit Äpfeln und Maronen gefüllt
21 Wildhasenfilet im Blätterteig auf Lebkuchensauce

Nachspeisen

23 Drei Variationen von der Ananas: Ananasmousse, Topfen-Gratinmasse, Ananas-Erdbeersülze
103 Apfelkuchen nach Oma Gogarten
24 Crème brulée oder die Stunde des Heimwerkers
24 Gebackene Fliederblüten auf Heidelbeerkompott
63 Griessflammerie
62 Kaiserschmarrn
81 Gebackene Kirschen mit Weinschaumsabayon
83 Munsterkäse im Blätterteig
62 Salzburger Nockerln
43 Schokoladenturm mit kandierten Strudelblättern
101 Friesischer Schwarzbrotpudding mit Quitten-Birnenkompott
43 Schwimmende Inseln mit Punschbirnen
103 Tarte au chocolat mit flambierten Bananen
83 Topfenknödel
101 Crêpes mit Walderdbeeren
41 Ziegenkäse mit Lauch und Kräuterspeck

ADRESSEN VON ERZEUGERN, PRODUZENTEN UND LIEFERANTEN

Ralf Bos Food
Tußmannstraße 67
40477 Düsseldorf
Tel. 0211- 48 60 81
fax 0211- 44 30 43
Geschäftszeiten: Mo–Fr von 8–18 Uhr
Gänseleber, asiatische Lebensmittel
Versand auch an Privatkunden

Robert Bauer
Heilbronner Straße 56
74223 Flein
Tel. 07131- 516 62
Fax 07131- 57 32 88
Wein, Essig und Öl

Weinhaus Martin Schachner
Bismarckstraße 12
25980 Westerland
Tel. 04651- 265 19
Fax 04651- 215 98
Weinempfehlungen auf Seite 106

»Gänsehof«
Familie Petersen
Koogstraße 2
25985 Keitum
Tel. 04651- 314 54
Mo–Fr 10–12, 14–18, Sa 10–13 Uhr
Lammfleisch, Gänse

Ziegenhof Klöwenhoog
Familie Findeisen
Sidiik 6
25985 Keitum
Tel. 04651- 326 60
März–November:
Mo–Fr 10–12.30 und 15–17 Uhr
Ziegenkäse, frisches Ziegenfleisch
frisches Gemüse aus eigenem Anbau

Dittmeyer's Austern Compagnie
Hafenstraße 10–12
25480 List
Tel. 04651- 87 08 60
Sylter Royal Austern
Mo–Fr 9–14.30 Uhr

Restaurant Jörg Müller
Süderstraße 8
25980 Westerland
Tel. 04651- 277 88
Fax 04651- 20 14 71

Restaurant Hinkfuss
Am Dorfteich 2
25996 Wenningstedt
Tel. 04651- 54 61

Restaurant Dirk Lässig im »Strandhörn«
Dünenstraße 1
25996 Wenningstedt
Tel. 04651- 945 00
Fax 04651- 457 77

Restaurant Sansibar
Sansibar-Strand
25980 Rantum
Tel. 04651-96 46 46
Fax 04651-96 46 47

Restaurant Gogärtchen
Strönwai
25999 Kampen
Tel. 04651-412 42
Fax 04651-411 72

Familie Findeisen verkauft ihren berühmten Ziegenkäse direkt im Keitumer Hofladen

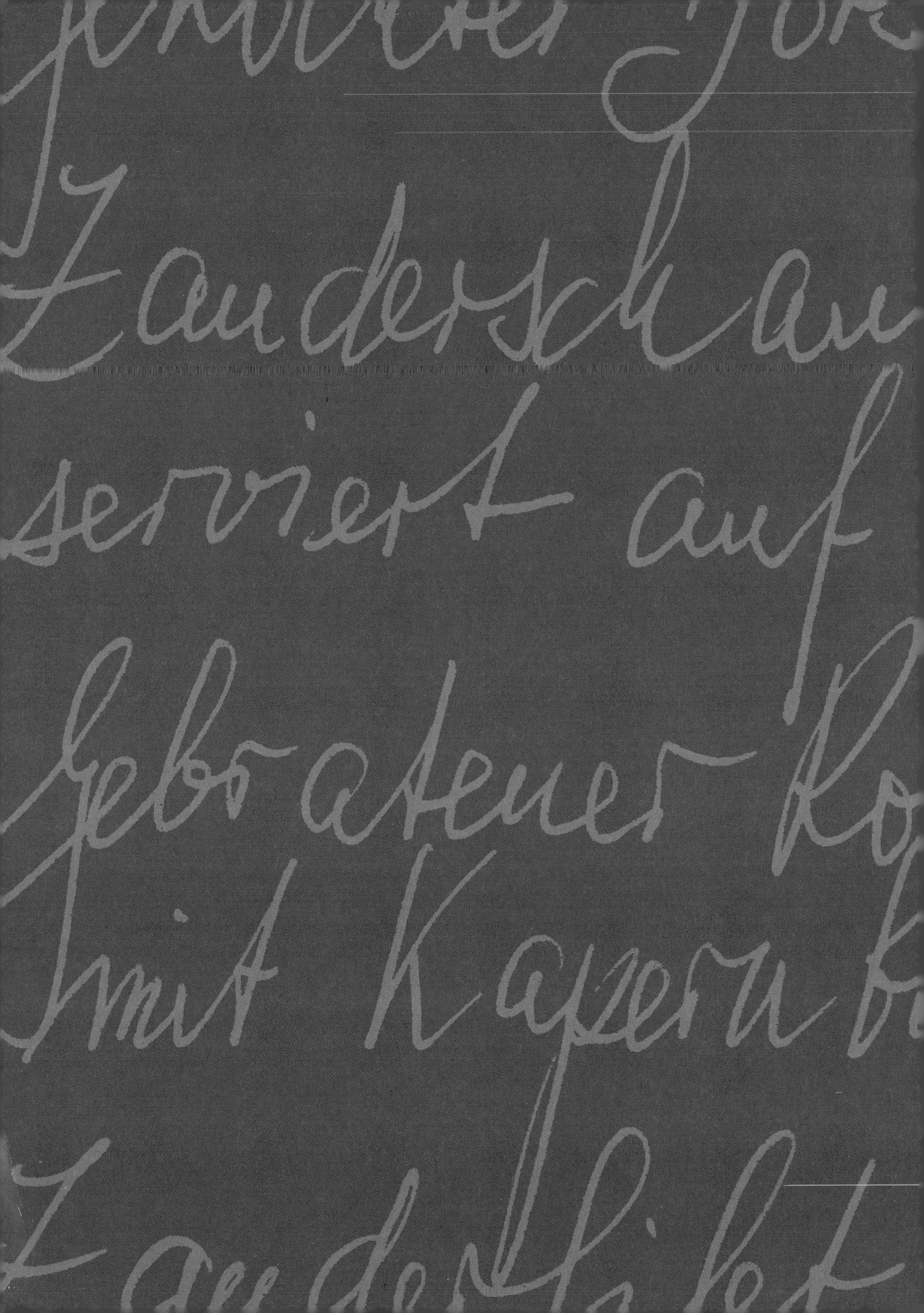
Zanderschau
serviert auf
Gebratener Ko
mit Kapern b